12개 한자로 읽는 중국

— 왕조 이름 12개로 푸는 중국 문화의 수수께끼

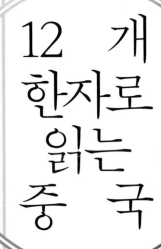

장일청長一淸 지음 ◉ 이인호 옮김

12 개
한자로
읽는
중 국

⬩
⬩
⬩

왕조 이름 12개로 푸는
중국 문화의 수수께끼

뿌리와
이파리

‖ 차례 ‖

저자 서문 9
역자 서문 13

« 제0강 »   한자의 탄생

　　　　　　 - 쐐기 문자와 그림 문자　　　　　　　　21

　　　　　　 - 방언과 표준어　　　　　　　　　　　23

　　　　　　 - 창힐의 전설　　　　　　　　　　　　26

　　　　　　 - 세계를 놀라게 한 뼛조각　　　　　　31

　　　　　　 - 갑골문의 비밀　　　　　　　　　　　35

« 제1강 »   하夏: 중원의 중국인

　　　　　　 - 하나라는 '여름-하夏'와 관련이 있을까?　45

　　　　　　 - '하'의 본뜻은 원숭이인가, 매미인가?　　46

　　　　　　 - '하'는 사람과 관련이 있다　　　　　　49

　　　　　　 - '대'를 접두사로 붙인 유일한 제왕, 대우　55

　　　　　　 - 화하華夏 명칭의 유래　　　　　　　　58

« 제2강 »   상商: 정의의 사도

　　　　　　 - 은상殷商의 유래　　　　　　　　　　65

　　　　　　 - 상商과 금金의 미묘한 관계　　　　　　69

　　　　　　 - 상나라 왕들의 신기한 이름　　　　　　74

« 제3강 » 주周: 예법이 과하여 불화가 되다

-공자는 주나라를 가장 흠모했다   83

-주나라의 제도와 예법   84

-주나라 제왕의 이름에 옥이 들어 있다?   88

« 제4강 » 진秦: 국가 발전의 기틀

-그 유명한 진시황   93

-진秦은 농사와 관계있다   99

-진나라 국책의 심원한 영향   103

-'진'과 China   110

-'진'과 관련된 고사성어   111

« 제5강 » 한漢: 거침없이 비상하는 천마의 호쾌함

-한漢은 하늘과 관련이 있을까?   121

-한일천종의 전설   124

-한족漢族의 뿌리는 한나라인가?   125

« 제6강 » 양진兩晉: 무력과 둔전의 양날

-진晉의 유래와 속뜻   130

-무력과 둔전 사이에서   133

-화제 만발, 위진 풍골   136

« 제7강 »   수隋: 답습과 개명 사이

-수隨와 수隋 중에 더 좋은 것은?   142

-수隨에도 좋은 뜻이 있다: 수후주와 화써벽   144

-수隨와 양견 일족의 관계   147

« 제8강 »   당唐: 세계국가의 웅대한 포부와 풍모

-당唐의 초창기 본뜻   153

-현장의 구도 여행과 찬란한 당나라 문화   154

-'당'과 이연 집안의 관계   156

-세계 각지의 당인가(차이나타운)   161

« 제9강 »   송宋: 평화로운 세상을 위하여

-옛정이 돈독했던 조광윤   167

-'송'은 '안정'을 뜻했다   172

-송사宋詞가 싹트다   181

-송판宋版의 서적과 송체宋體의 글꼴   182

« 제10강 »   원元: 천지의 도, 인간 치세

-원元은 『역경易經』에서 따왔다   189

-'원형이정'의 지혜   193

-쿠빌라이의 선의   197

-투박했던 원나라와 원곡   203

《 제11강 》   **명明: 태양이 만물을 키우니**

-주원장은 명교明敎 출신　　　　　　　　210

-해와 달을 숭배했던 중국 문화　　　　　211

-화火로 금金을 제압하다　　　　　　　　216

《 제12강 》   **청淸: 도도하게 흐르는 강물처럼**

-대금大金에서 대청大淸으로　　　　　　223

-청淸과 명明의 대결　　　　　　　　　　228

-'청'에 담긴 또 다른 뜻　　　　　　　　231

옮긴이 해설_중국 역대 왕조 명칭 일람(이인호)　234

'백가강단百家講壇'의 '백가'에는 두 가지 뜻이 있을 거라 생각했다.

강연자의 입장에서 '백가'는 '제자백가諸子百家'의 의미일 것이다. 많은 분들이 강의하고 분야 또한 다양하기 때문이다. 백화가 만발하여 저마다의 가치를 뽐내고 있다. 외람되게 나도 백가강단에 올랐지만 나에게 과연 그럴 자격이 있는지 의문이다. 나는 더도 덜도 아니고 그저 중국 문화를 공부하는 사람에 불과하다. 이런 내가 요행히 강단에 서게 된 것은 아래에서 언급할 여러 분들 덕분이다.

한편 청중의 입장에서 '백가'는 대략 일반 사람들일 것이다. 텔레비전이 처음 막 세상에 나왔을 때야 그저 부자들이나 봤겠지만, 지금은 누구든 시청할 수 있기 때문이다.

그렇다면 어떻게 해야 강연자와 일반 사람을 결합하여 각각의 입장을 살리면서도 결과적으로 상승효과를 기대할 수 있을까?

백가강단에 서는 분들은 모두 이 문제를 심각하게 고민했을 것이다.

내 생각에 이 문제를 처리할 때 고려해야 할 기본 요소는 두 가지가 있다. 하나는 정확한 지식, 또 하나는 효과적인 전달이다.

지식의 측면에서 말하면 모든 정보는 최소한 근거가 있어야 한다. 전달의 측면에서 말하자면 쉬운 용어로 간단명료하게 의미를 전달해야 한다. 물론 이런 요소를 구비하는 것이 쉬운 일은 아니므로 계속 노력할 따름이다.

이 책의 내용을 가지고 실례를 들어보겠다. 수隋나라 개국황제 양견楊堅은 국호를 정할 때 수隨를 버리고 수隋를 택했다. 그 이유는 무엇일까? 문헌을 찾아보면 한 가지 이유를 둘러싸고 대동소이한 여러 주장들이 나타난다. 이런 사료를 대하면 가장 먼저 정보의 진위를 따져야 할 것이다. 그런 후에 정보를 한 곳에 모아놓고 시비를 가려 최종적으로 답안을 작성하게 된다. 이런 과정을 거친 결과 『강희자전』의 정보가 가장 타당하다는 결론을 얻었고, 그에 근거하여 논의를 진행했다.

위와 같은 결론이 나오면 한숨을 돌리고 제법 의기양양할 때도 있지만 사실상 그런 과정은 얼핏 간단해 보여도 막상 해보면 가시밭길이었다. 정보의 출처가 어디인지 확인하는 일이 요즘은 인터넷이 발달하여 간단한 것 같아도 정작 검색해보면 쓰레기 자료는 왜 또 그리 많은지 원하는 자료가 정확히 나오는 경우는 별로 없다.

그러니 정보의 바다에서 찾고 찾고 또 찾고 그런 다음에 필요한 정보를 걸러내려면 두 눈에 불을 켜고 인터넷에 미친 사람인 양 낮과 밤을 잊어야 할 때도 많았다.

물론 이런 고생은 내가 우둔한 탓이고 또한 그렇게 얻은 결론도 미숙한 졸견에 불과할 것이다. 총명하고 요령 있는 분이라면 이런 문제는 가볍게 해결했을 것이다.

중국의 역사를 논하면서 하필 왕조의 이름을 가지고 출발했을까? 이것도 개인적인 졸견이지만, 한자漢字의 역사는 매우 오래 이어졌고, 중국 문화 역시 매우 오래 이어져 오늘에 이르렀다. 한자는 중국 문화를 담는 그릇으로서 그 역할을 훌륭하게 수행했다. 또한 역대 왕조는 한자와 중국 문화의 계승 및 발전에 있어서 모두 많든 적든 공헌을 하였다. 그러므로 중국 역대 왕조의 이름을 파고 들어가면 한자의 발전 과정을 알게 되고, 그로부터 역사 이야기를 하나둘씩 풀어나가면, 중국의 언어와 문화, 사상까지도 자연스럽게 접하게 될 것이라 생각했다.

한편 내가 항상 염두에 두는 일인데, 이 땅에 함께 살고 있는 형제 민족들은 장구한 역사의 흐름 속에서 서로 교류하고 융합하여 찬란한 중국 문화를 창조했다. 예전에 '오랑캐 음악'으로 폄하하여 호악胡樂이라 불렀던 원곡元曲이 좋은 예가 될 것이다. 그러므로 이 책의 곳곳에서 기회가 있을 때마다 이런 취지의 이야기를 했던 것도, 실은 강호 제현께서 이런 문제에 관심을 가지고 깊게 연구하여 형제 민족이 더욱 화합하고 더불어 발전하기를 바라기 때문이다.

내가 '백가강단'에 서게 된 것은 김월金越 및 만위萬衛 두 선배님 덕분이다. 두 분은 나를 이끌어줬을 뿐 아니라 어떻게 강의해야 하는지 요령까지 가르쳐주었다. 이어서 강의를 녹화하게 되었는데 이때 나이소那爾蘇 형과 이위굉李偉宏 형께서 카메라 앞에서 어떻게 해야 자연스러운지 구체적으로 지도해주어 최단 시간에 분위기를 잡을 수 있었다. 강의 녹화가 정식으로 시작되자 촬영과 조명 등 해당 분야의 베테랑들이 능숙하게 작업을 진행하여 나는 편안하게 녹화에 임하였다. 이 자리를 빌어 경의와 함께 감사의 말씀을 드린다.

'백가강단'을 내려오자 평소에 그 명성을 익히 알고 있던 접력출판사接力出版社로부터 연락이 왔다. 강의했던 내용을 엮어 단행본으로 내자는 것이었다. 신화와 전설까지 함께 버무려 우려낸 강의를 막상 책으로 내자니 걱정이 앞섰다. 하지만 백빙白氷 편집장께서 적극적으로 추천해주셨고, 그와 동시에 이위李煒 형 및 등문화鄧文華 여사와 여러 차례 만나 함께 이야기를 나누자 내 걱정은 눈 녹듯 사라지고 말았다. 이 자리에서 그저 감사하다는 말 이외에 달리 무슨 말을 할 수 있으랴.

공적인 지면에 사적인 이야기를 해도 될는지 모르겠다. 먼저 양해를 구한다. 아내 호명胡明 여사와 딸 장목적張牧笛에게 고맙기만 하다. 나는 강단에 서서 강의를 해보는 것이 소원이었는데 막상 그런 기회가 오자 안절부절 스트레스가 장난이 아니었다. 그때 아내와 딸은 나를 격려해주었다. 비좁은 집에서 내가 예행연습을 한답시고 혼자 중얼거릴 때 아내와 딸은 나를 비웃지 않고 몇 번이고 계속 들어주며 이것을 말할 때는 이렇게 손짓을 하고, 저것을 말할 때는 이렇게 표현하라는 둥 하나하나 고쳐주었다. 우리 집은 아내와 딸이 왕인지라 이 가엾은 신하를 세심하고 친절하게 지도해주었다. 아내의 관용과 딸의 도움에 나는 그저 감읍하고 더욱 분발하여 보은할 생각이다.

끝으로 졸저를 읽어주실 독자 여러분께 더욱 감사하고 싶다. 여러분의 지지와 격려 덕분에 나는 앞으로도 계속 배움의 길을 걸을 수 있을 것이다. 그러므로 책 내용 중에 소홀한 부분이나 오류가 발견된다면 서슴지 말고 지적해주시기 바란다. 감사한 마음으로 수정하고 보완할 것이며, 더욱 발전할 수 있도록 가일층 노력할 것을 약속드린다.

아기가 태어나면 부모는 '이름'을 짓는다. 왕조가 새롭게 건립되면 초대 황제도 나라 '이름'을 짓는다.

부모는 왜 아기 이름을 지을까? 처음에는 다른 아이와 구별하기 위해서였다. '이름-명名'의 글꼴 변천사를 보면서 명名의 본뜻이 무엇인지 확인하자.

초창기나 지금이나 글꼴의 구성에는 차이가 없다. 당초 '저녁-석夕'과 '입-구口'가 좌우로 배치되었던 것이 훗날 상하로 조정되었을 뿐이다. 인력人力이 곧 경제력이던 오랜 옛날, 어린이는 유괴되거나 납치되는 일이 비일비재했다. 따라서 날이 저물면 부모는 아이들을 불러 서둘러 귀가시켰다. 부락의 다른 집 아이와 구별하려면 '이름'이 있어야 할 것이다. 그러므로 명名의 본뜻은 '어두워 분간이 되지 않을 때 부르는 아이의 호칭'이며, 이로부터 사람이나 사물을 지칭하는 '이름'의 뜻이 나오게 된 것이다.

이름이 없으면 무명無名이니 존재감이 없다. 부모에게 아기는 소중한 존재인데 그저 구별하는 용도의 이름에 만족할 수 있겠는가. 이에 세월이 흐르면서 부모는 아기의 이름에 '의미'를 부여하기 시작했다. 마치 김춘수의 「꽃」마지막 구절처럼, '잊혀지지 않는 하나의 의미'가 되고 싶었던 것이다.

그리하여 아기의 이름에 아름다운 의미를 담기도 하고, 부모나 어른들의 간절한 뜻을 기탁하기도 했던 것이다. 이름이란 '잊혀지지 않는 하나의 의미'이니 인간 중에 가장 존귀했던 황제는 자신의 이름을 누구나 기억하되 누구든 감히 사용하거나 입에 오르내리는 것을 허용하지 않았다. 이를 피휘避諱라 했다. 피휘란 단단히 기억하되 범하지 말라는 것이니 이보다 더한 의미가 어디 있겠는가. 황제 개인의 이름도 이러하거늘 하물며 왕조의 이름은 오죽했으랴.

중국의 한漢나라 역사를 읽으면 서한西漢과 동한東漢 사이에 왕망王莽이란 인물을 만난다. 왕망은 섭정을 하다가 왕권을 탈취했고 마침내 한나라를 멸하고 국호를 '신新'으로 바꾸었다. 서한 말기 지리멸렬한 국면을 수습하고 강력한 지도력을 발휘하여 새롭게 시작하고자 신왕조의 이름마저 '새로운-신新'으로 정했던 것이다. 왕망은 그 이후 고구려高句麗를 하구려下句麗로 고쳐 부르기도 했다. 높은 분이 엄포를 놓을 때 종종 "지위 고하를 막론하고" 운운하는데 고하高下란 '높고 낮고'의 뜻이니 왕망은 이름의 의미로써 고구려를 폄하하여 짓누르려 했던 것이다. 문명이 발달하고 문화가 두터워질수록 이처럼 무릇 이름이란 그저 단순한 명칭이 아니라 '의미'를 담는 그릇이 되었다. 특히 한자는 의미문자, 곧 뜻글자이기에 중국에서의 이름은 결코 단순한 부호가 아니었다. 북방의 강물은 물소리가 탁해 탁음의 하河라 했기에 황하黃河였고, 남방의 강물은 물소리가 맑아 청음의 강江이라 했기에 장강長江이라 부른 것이다. 오악五嶽의 서쪽 산은 화산華山인데 왜 '꽃-화'의 화산인가? 꽃부리처럼 다섯 봉우리가 솟아 있기에 화산이었다. 산 두 개가 합쳐져서 기산岐山, 횡으로 길게 펼쳐져서 형산衡山 등인 것이다. 산하山河의 이름도 저러하거늘 역대 왕조의 이름이 어찌 단순한 부호이겠는가.

따라서 중국 역대 왕조의 이름을 탐구하는 것은 한자와 함께 중국 문화의 저변을 탐색하고 그 정수를 살피는 일이 될 것이다. 이 책을 통해 중국 문화의 바탕에 면면히 흐르는 음양오행陰陽五行에 대해서도 즐겁게 인식하는 계기가 될 것이라 믿는다.

중국학 관련 대학원 석사·박사 면접시험에서 겪었던 일이다. 중국 역대 왕조의 명칭을 순서대로 말해보라 요구했을 때 제대로 대답하는 지원자가 드물었다. 그러니 대학생에게 물어보면 누가 알겠는가. 그때부터 나는 중국학과 학생들에게 중국의 지도와 왕조 명칭만은 반드시 외우게 닦달했다. 가령 중국의 역사와 문화를 이야기할 때 당나라 수도 장안長安이 지금의 섬서성 서안西安이라고 말하면, 지도가 머릿속에 들어 있어야 얼른 지리적 좌표를 잡을 수 있고, 또한 왕조 명칭을 순서대로 기억하고 있어야 당나라의 시간적 좌표를 잡을 수 있지 않겠는가. 이것은 중국을 공부하는 기초인 것이다. 이 책을 통해 중국 역사의 시간적 좌표를 자연스럽게 기억하는 계기가 되었으면 한다. 한 걸음 더 나아가 '잊혀지지 않는 하나의 의미'가 된다면 더욱 좋겠다.

역대 왕조의 이름을 간명히 해설하여 학생들에게 배포했던 글이 있다. 책 말미에 첨부하니 참고가 되었으면 한다.

중국의 역사와 문화에 어떻게 접근할 것인가? 왕조 이름의 한자를 분석하며 연원을 탐색하는 것이 제법 흥미롭고 의미 있는 출발점이 될 것이다.

한양대학교 ERICA 캠퍼스 국제문화대학 중국학과

교수 이인호

제 0 강 = 한자의 탄생

— 쐐기 문자와 그림 문자
— 방언과 표준어
— 창힐의 전설
— 세계를 놀라게 한 뼛조각
— 갑골문의 비밀

우리는 매일 한자를 접한다. 그렇다면 혹시 생각해본 적이 있는지? 한자의 역사는 얼마나 되었을까? 한자는 어떻게 탄생했을까? 한자는 어떻게 오늘날까지 전해졌을까? 중국 역사에 관심이 있는 분에게는 무척 익숙한 중국 역대 왕조의 명칭, 이를테면 하夏, 상商, 주周, 진秦, 한漢, 진晉, 수隋, 당唐, 송宋, 원元, 명明, 청淸 등은 당초 무슨 뜻이었을까? 중국인의 선조들이 위 한자로 왕조의 이름을 정한 이유는 무엇일까?

◇◇◇◇◇◇◇◇◇◇◇◇ 우리는 거의 매일 한자와 마주친다. 한글 같지만 실은 한자어가 의외로 많기 때문이다. 출퇴근 때 거리에 즐비한 광고 및 간판에서도 한자를 보게 된다. 세상일을 알려면 신문 등 미디어를 찾는데 거기서도 한자를 접한다. 친구와 정담을 나누거나 정보를 교환할 때 스마트폰으로 문자를 주고받거나 PC에서 메일을 발송할 때도 우리는 알게 모르게 한자를 사용한다. 심지어 출장을 가거나 여행을 가더라도 그곳의 간판이나 명승지 안내문에 한자가 적혀 있는 것을 자주 발견한다. 이제 한자는 세계 어디서나 볼 수 있게 되었다. 그렇다면 여러분은 생각해본 적 있는지 궁금하다. 우리가 지금 사용하고 있는 네모반듯한 한자, 그 역사는 도대체 얼마나 오래되었을까? 세계에서 가장 오래된 문자일까?

음력 정월 초하루에 집집마다 붙이는 복福자. 이처럼 다양한 글꼴이 있다.

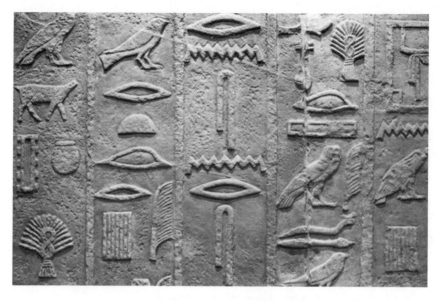

비석에 새겨진 그림문자.

문자는 인류 역사상 가장 위대한 발명품의 하나다. 인류 문명의 발상지는 여러 곳인데, 중국 문명을 비롯하여 고대 이집트 문명, 메소포타미아 문명, 마야 문명 등이 있다. 이 문명들은 저마다 독특한 문화를 이루었고 또한 문자까지 발명했다. 예컨대 5500여 년 전의 메소포타미아 문명의 쐐기문자와 5000여 년 전의 고대 이집트 그림문자 등이 그것이다.

쐐기문자와 그림문자

쐐기문자를 설형문자楔形文字라 부르기도 한다. 점토판
에 나뭇가지 등으로 새겨놓은 고대문자의 하나였다. 유
프라테스 강과 티그리스 강 사이의 메소포타미아 평원에
거주했던 수메르인들이 창조한 것이다. 이 지역은 현재의
이라크로서 인류 문명의 요람이었는데 지금은 전쟁통에
폐허가 되었다.

한편 아프리카 북부의 고대 이집트 문명도 문자를 발
명했는데, 이집트 그림문자 혹은 상형문자象形文字라 부른
다. 이집트 고대문자는 세 종류의 글꼴이 있었기에 그리
스인들은 각각 신성문자神聖文字 혹은 비석문자, 신관문자
그리고 민중문자로 구분하여 불렀다.

쐐기문자와 그림문자는 중국의 한자보다 역사가 오래
되었지만 아쉽게도 기원전에 이미 사라지고 말았다. 쐐기
문자와 그림문자는 전승과정에서 민족 간의 이동과 영향
그리고 융합으로 인해 점차 음절문자와 자모문자로 변했
고, 그로부터 순전히 어음을 기록하는 부호로 발전하여
마침내 아랍어나 희랍어와 같은 자모문자의 기초가 되었
으며 끝내 자모문자로 대체되고 말았다.

쐐기문자로 기록된 함무라비 법전.

뫼–산山을 표시한 고대문자들.

이 두 개 고대문자와 비교할 때 중국의 한자는 3300여 년의 역사에 불과하니 비교적 젊은 언어이다. 그러나 중국의 한자도 3000년 이상 되었기에 이 세 개 문자는 인류 역사상 가장 오래된 문자 시스템이라고 할 수 있다. 지역적으로 수만 리 떨어져 있었지만 세 개 고대문자는 초창기 모습은 물론이고 글자를 만드는 관념에 있어서도 놀라우리만치 일치했다. 우선 세 개 고대문자는 모두 상형象形을 기본으로 하는 문자이며 그중에 일부 상형 부호는 언뜻 보아도 극히 유사하다. 뫼를 표시한 산山의 글꼴 모양이 좋은 예가 될 것이다. 또한 두 개 이상의 상형 부호를 일정한 규칙으로 조합하여 새로운 글자를 만들기도 했다. 한자의 초기 형태인 갑골문甲骨文으로 보면 날-일日과 달-월月을 합쳐 밝을-명明으로 만드는 식이었다. 쐐기문자와 그림문자도 중국의 한자와 똑같은 방법으로 새로운 글자를 만들었다. 인류의 지혜는 이처럼 서로 통함을 알 수 있다.

쐐기문자 및 그림문자와 비교할 때 중국의 한자는 비록 그 역사가 짧은 편이지만 지금까지 전해져 여전히 사용되고 있다는 점은 놀랍다. 중국의 한자가 3000여 년의 풍상을 겪으며 지금까지 이어질 수 있었던 이유와 원인은 다양하겠지만 다음 두 가지 요인은 결코 간과할 수 없을 것이다.

방언과 표준어

첫째, 중국 문화는 수천 년의 역사를 자랑하는데 중간에 끊긴 적이 없다. 따라서 중국 문화를 담는 그릇으로서의 한자도 역시 수천 년 동안 끊어지지 않고 오늘까지 이어질 수 있었다. 둘째, 한자는 공간을 뛰어넘는 속성을 갖추었다. 산이나 강처럼 자연적으로 격리된 지역 간에는 예로부터 언어가 달랐다. 따라서 똑같은 한자라 하더라도 지방마다 독음이 달랐는데 이를 방언이라 한다. 서한西漢 시대의 작가였던 양웅揚雄[1]은 문학적으로 탁월했을 뿐만 아니라 『방언方言』이란 책을 편찬하기도 했다. 이런 책을 통해서도 알 수 있듯, 각지의 한자 발음이 서로 차이가 있었지만 동일한 한자를 사용하는 데는 별 어려움이 없었던 것이다.

한편 예로부터 지금까지 중국의 초등교육은 '표준어'로 진행되었다. 그 '표준어'를 지금은 '보통화普通話'라 하지만, 예전에는 '아언雅言'이라든가 혹은 '관화官話'라 했다. 『논어論語[2] · 술이述而』 편에 보면, "공 선생님은 평소에 노나라 방언으로 말했지만 『시경詩經』 『서경書經』을 읽는다거나 예를 행할 때는 아언을 사용했다."[3] 공자도 제자를 가르칠 때는 이른바 표준어를 사용했던 것이다. 공자야말로 모범적인 표준어 사용자였다.

또한 옛 중국에서는 관리를 임용할 때 표준어 구사능력을 요구한 적도 있다. 『청태종실록清太宗實錄』에는 청나라 때 일어난 '관화 운동'이 기록되어 있다. 옹정제雍正帝가 어명을 내리기도 했다는 기록이 있는데 그 내용은 대략 다

---

1 양웅: 서한 시대의 사부辭賦 작가. 상상력이 풍부하고 장황하게 표현하는 한부漢賦의 특색을 잘 보여준다. 그의 작품은 우아하고 심오한 맛을 함축적인 언어로 담아냈다.

2 『논어』: 춘추 시대 어록체 산문집. 주로 공자와 그 제자들의 언행이 기록되어 있다. 공자의 사상을 알 수 있는 가장 직접적인 자료이다. 공자의 1대 및 2대 제자들이 편찬한 것으로

알려져 있다.

3 『논어 · 술이』: "子所雅言, 詩書執禮, 皆雅言也."

음과 같다. "관리는 백성과 수시로 접촉해야 할 의무가 있다. 그렇다면 관리들이 하는 말을 백성이 다 알아들어야만 백성의 사정을 파악할 수 있고 각지의 문제점을 소상히 이해하여 실수 없이 업무를 처리할 수 있을 것이다."⁴ 이렇게 본다면 민간에서도 표준어를 사용하려는 경향이 있었고 관리도 표준어를 사용해야 할 의무가 있었기에 그 표준어를 기록했던 한자는 오랜 옛날부터 지금까지 전해질 수 있었던 것이다.

그렇다면 최초의 한자는 언제 어떻게 탄생했을까? 이제 우리는 과거로 거슬러 올라가 강보襁褓 속의 한자를 추적하기로 하자.

오랜 옛날의 어느 한 장면을 상상해보자. 중국인의 먼 조상 하나가 끈에 매듭을 짓고 있다. 그런데 유심히 살펴보니 매듭을 지으면서 입으로는 뭔가 중얼거리고 있다. 그는 무엇을 하고 있었을까?

매듭을 지으면서 입으로 중얼거리는 것은 뭔가 개수를 세거나 기록하는 모습이 아니겠는가. 그런 모습을 표현한 한자가 불현듯 떠오른다. 그 한자는 '셀-수數'. 수數의 초창기 뜻을 연구했던 일부 학자는 "손으로 매듭을 짓는 모습"이라 주장했는데 나름 일리가 있는 해석이었다. 수數의 오른쪽은 '등글월-문攵(=攴)'인데 이것은 본디 '칠-복攴'의 변형으로 막대기를 손에 쥔 모습이다. 그 왼쪽의 '거둘-루婁'의 초창기 글꼴은 끈으로 소를 묶은 모습이었다. 『공양전公羊傳⁵・소공昭公 25년』조에 "우마유루牛馬維婁"라는 구절이 있다. 여기서 유維는 말을 묶는다는 뜻이다.⁶

그렇다면 왼쪽의 루婁와 오른쪽의 복攴(=攵)을 합치면 무슨 뜻이 되겠는가?

---

4 雍正六年(1728), 雍正皇帝終于頒布了一道 『諭閩廣正鄉音』的聖旨: "凡官員有蒞民之責, 其語言必 使人人共曉, 然後可以通達民情…… 朕每引見大小 臣工, 凡陳奏履歷之時, 惟有福建廣東兩省之人仍系鄉 音, 不可通曉…… 是上下之情扞格不通, 其爲不便, 實甚…… 應令福建廣東兩省督撫轉飭所屬各府州 縣有司及教官, 遍爲傳示, 多方教導, 務期語言明白, 使人通曉, 不得仍前習爲鄉音."

5 『공양전』: 『춘추春秋』를 전문적으로 해설한 책. 해설 연대는 『춘추』와 같은데 기원전 722년부터 기원전 481년 사이이다. 역사 해석이긴 하나 매우 간략하며 『춘추』의 미언대의微言大義(심오하게 담은 큰 뜻)를 풀어주고 있다. 문답 방식으로 경經을 해설한 책이다.

끈에 매듭을 짓는 방법으로 숫자를 기록한다는 뜻이겠다. 옛 중국인들도 이처럼 매듭을 짓는 방식으로 숫자를 기록했고 이로써 훗날 계약의 증거로 삼거나 어떤 일을 증명하고자 했을 것이다.

　매듭으로 숫자를 기록할 수 있음은 분명하다. 그런데 매듭이 최초의 한자와 무슨 관련이 있을까? 중국 고전 중에 『주역周易』7이란 책이 있다. 그 책에 이런 내용이 있다. "상고 시대에는 매듭을 묶어 다스렸으나 그 뒤로 성인聖人이 나타나 부호로 바꾸었다."8 오랜 옛날 사람들은 매듭으로 어떤 일을 기록하다가 성현처럼 명석한 자가 나타나 물체에 흔적을 새기는 방식으로 기록했다는 것이다. 그렇다면 새기는 방식이 훗날 문자 발생의 첫걸음이었을 것이다.

춘추 시대 저초문詛楚文에 보이는
수數의 옛 글꼴 모습.

　다시 또 상상력을 발휘하여 먼 옛날로 돌아가 보자. 우리 눈앞에 동물 가죽으로 옷을 만들어 입고 두 쌍의 눈을 가진 중국인의 먼 조상이 나타난다. 그는 한 손에 동물의 뼛조각을 들고 다른 손으로는 끝이 뾰족한 돌조각을 쥔 채 골똘히 생각에 잠겨 있다.

　그는 누구일까? 한자를 발명한 것으로 알려진 인물이

창힐의 초상화.

6 '우마유루牛馬維婁'는 소와 말을 묶는다는
　뜻이다. 『공양전』에 주석을 달았던 하휴何休의
　해설에 따르면, 말을 묶는 것을 유維, 소를 묶는
　것을 루婁라 했다. -역주

7 『주역』: 주周나라 사람이 저술한 것으로
　알려졌다. 본문의 경經 부분과 해설 부분인
　전傳으로 구성되어 있다.

8 『주역·계사전繫辭傳』 하편: "上古結繩而治, 後世
　聖人易之以書契."

며 황제黃帝 시절에 사관史官을 역임했다는 창힐倉頡이다.

창힐의 전설

아직은 증명되지 않은 전설이지만 황제黃帝는 대략 기원전 2700여 년경의
인물로 당시 부락연맹의 맹주였다. 그는 중원의 여러 부족을 통일한 후 매듭
을 묶는 방식으로는 복잡한 현실을 기록하기 힘들다고 생각했다. 이에 창힐에
게 부호를 창안하여 기록의 문제를 해결하라 지시했다. 창힐은 강물이 내려다
보이는 한적한 언덕에 거처를 마련하고 부호를 구상하기 시작했다.

하지만 아무리 고민을 해도 시간은 무심한 강물처럼 흘러갈 뿐 딱히 마땅
한 단서가 떠오르지 않았다. 그러던 어느 날, 창힐은 방에서 나와 마당을 거닐
기 시작했다. 그런데 질퍽한 진흙 마당에 웬 발자국이 여럿 찍혀 있었다. 유심
히 살펴보니 대나무 이파리 같은 것은 꿩의 발자국이었고, 매화꽃 같은 것은
개의 발자국이었다. 창힐은 불현듯 개가 꿩을 쫓는 장면이 뇌리를 스쳤다. 시

간이 흘렀지만 쫓고 쫓기는 장면과 발자
국이 창힐의 머릿속을 계속 맴돌았다. 이
윽고 창힐은 이런 생각이 떠올랐다. 들짐
승 날짐승마다 발자국이 다르다면 만사
만물도 모두 제각기 특징이 있을 것이다.

한자를 창조 중인 창힐.

그런 특징을 파악하여 그림으로 그려내면 사람들이 모두
인식하지 않겠는가. 그런 그림이 곧 사물을 기록하는 부
호가 아니겠는가. 생각이 여기에 미치자 이때부터 창힐은
주변의 모든 사물과 현상을 유심히 관찰하기 시작했다.
일월성신日月星辰은 물론이고 강물과 호수 그리고 바다도
관측했고 날짐승과 들짐승도 주시했으며 심지어 솥단지
나 그릇, 바가지, 대야까지도 세심하게 눈여겨보면서 그
특징이 무엇인지 심사숙고했다. 그 결과 만사만물은 저
마다 독특한 특징이 있음을 발견했고, 그 특징을 그림으
로 표시하기 시작했다. 이어서 그 그림을 다시 간명한 그
림문자로 하나씩 변환시켰다. 시간이 흐르자 창힐이 만든
한자가 늘어났고 일정 분량이 되자 마침내 황제에게 보
고했다. 황제는 한자를 보더니 당연히 기뻐했고 즉시 각
부족의 수령에게 한자를 두루 소개하도록 명했다. 최초의
한자 사용은 아마 이렇게 시작되었을 것이다.

청나라 때 주균朱筠의
숙화음방淑華吟舫9 간행본
『설문해자說文解字』.

　　물론 창힐의 한자 창조설은 이 밖에도 여러 버전이 있
다. 그러나 기본적으로 새나 동물의 발자국으로부터 영
감을 얻었다는 점에서는 모두 동일하다. 한편 또 다른 전
설에 따르면 창힐이 한자를 창조하자 기이한 자연현상이
발생했다. "하늘에서 곡식이 떨어졌고, 귀신들이 밤에 통

---

9 숙화음방은 주균의 거처 이름. ―역주

곡했다."[10] 이런 현상은 무엇을 뜻한다고 봐야 할까? 하늘과 땅을 경악시키고 귀신을 통곡하게 만들 정도로 위대하고도 엄청난 사건임을 상징하는 것이다.

민간전설 이외에 비교적 보수적인 정사正史와 학술 저작에도 창힐이 한자를 창조했다고 기록되어 있다. 동한 때 허신許愼이라는 학자가 있었다. 한자학의 시조로 추앙받는 분인데 그가 편찬한 『설문해자說文解字』[11]는 지금도 한자 연구의 최고 권위로 인정받고 있다. 허신은 서문에서 이렇게 말했다. "창힐이 처음 한자를 만듦에 있어 사물에 따라 그 모습을 그렸기에 문文이라 불렀다. 그 후 사물의 모습에 발음을 더했기에 자字라 불렀다. 문文은 사물 모습의 근본이고, 자字는 문文에 추가하여 복잡해진 것이다."[12] 이렇게 본다면 허신도 창힐을 한자의 창조자로 인정한 것이다. 문자文字라고 할 때 문文은 사물 자체의 독특한 근본이라 여겼는데 구체적으로 말하자면 '사물의 무늬'와 같은 것이다. 허신의 이런 인식은 문文의 본뜻과 완전히 일치한다. 문文의 초창기 글꼴은 아래와 같다.

문文의 초창기 모습은 줄이 서로 교차하는 도안이나 무늬를 표시한 것이다. 이에 다시 허신이 상형자에 대해 설명한 부분을 확인하자. "물체를 표시할 때

---

10 "天雨粟, 鬼夜哭."

11 『설문해자』: 동한 시대 허신의 저술로 세계 최초의 자전 중 하나이며 중국 역사상 부수部首를 기준으로 편찬한 최초의 자전字典이다. 540개 부수로 분류하여 총 9353개 한자를 수록하고 해설했다.

그 물체의 모습을 따라 구불구불하게 그렸다."[13] 쉽게 말해 조롱박을 본떠 바가지를 그리듯 사물의 특징을 포착하여 그런 모양으로 그렸다는 뜻이다.

한편 자字에 대해서 허신은 '번식'의 뜻으로 파악했다. 이런 해석은 자字의 본뜻과 무척 어울린다. 자字의 초창기 글꼴은 아래와 같다.

지붕과 벽면의 모습을 그린 '집-면宀' 안쪽에 갓난아기를 표시한 자子가 있으므로 집에서 아기를 키운다는 '생육生育'의 뜻을 여실히 보여주고 있다.

허신이 지적했듯 자字란 한자는 옛날부터 '생육' '양육' '번식'의 뜻으로 사용되었다. 한나라 때 왕충王充의 『논형論衡 · 기수氣壽』편에 이런 구절이 있다. "낳은 아이가 죽거나 태아에 문제가 생기는 이유는 생육이 빈번하여 산모의 기력이 떨어진 탓이다."[14] 여기서 '생육이 빈번하다'의 '생육'에 해당하는 원문이 '자유字乳'임을 확인할 수 있다.

허신 동상.

---

12 『설문해자』 서문: "倉頡之初作書, 依類象形, 故謂之文. 其後形聲相益, 即謂之字. 文者, 物象之本; 字者, 言孶乳而寖多也."

13 "畫成其物, 隨體詰詘."

14 "所産者死, 所懷者凶者, 字乳亟數, 氣薄不能成也."

그 밖에 『열자列子·황제黃帝』편에도 이런 내용이 있다. "음양이 항상 조화롭고, 해와 달이 항상 밝고, 춘하추동이 항상 순환하고, 바람과 비가 항상 고르고, 번식이 항상 적절하고, 수확이 항상 풍성하다."[15] 여기서도 '번식'에 해당하는 원문은 '자육字育'으로, 만물이 번식함을 가리키고 있다. 인간의 먼 조상이 유인원을 거치고 진화를 거듭해 마침내 널리 퍼졌듯이 중국의 한자도 무에서 유를 창조했고 점차 개체수가 증가하여 중국 문화를 담는 장구한 여정에 올라 오늘에 이르렀던 것이다. 그것은 곧 한자의 '번식'이 아니겠는가?

창힐의 한자 창조 전설은 이 밖에도 『순자荀子』『여씨춘추呂氏春秋』[16] 등 고전에 관련 이야기가 실려 있다. 그중 『순자』의 기록이 가장 객관적인 것으로 보인다. 그 내용은 이러하다. "한자를 많이들 만들어 썼겠지만 후세에 전해진 자로 창힐이 유일한 이유는 그만이 열성을 다해 전공했기 때문이다."[17] 훗날 노신(루쉰)魯迅도 이렇게 말했다. "창힐이 한두 명은 아니었을 것이다. 어떤 이는 칼자루에 그림을 그렸을 것이고, 어떤 이는 문틀에 그림을 그렸을 것이다. 서로 보면서 이심전심이었고 입에서 입으로도 전해졌을 것이다. 이렇게 만들어진 문자가 점차 많아지자 사관이 수집하여 정리했을 것이고, 그 문자로 이런저런 일을 기록했을 것이다. 중국의 한자도 이런 식으로 만들어졌을 것이다."[18]

그렇다면 창힐은 특정인을 가리킨다기보다는 수많은 사람들의 대표라고 보는 것이 진실에 가까울 것이다. 창힐 뒤에는 수많은 중국인이 숨어 있는 것이다.

---

15 "陰陽常調, 日月常明, 四時常若, 風雨常均, 字育常時, 年穀常豐."

16 『여씨춘추』: 진秦나라 승상 여불위呂不韋가 주편한 황로黃老 도가 사상 계열의 명저. 진시황이 중국을 통일하기 직전에 완성했다. 도가 사상을 뼈대로 다양한 학설을 통합한 저작이다.

17 "好書者衆矣, 而倉頡獨傳者, 壹也."

18 「문외문담門外文談」: "在社会里, 仓颉也不止一个, 有的在刀柄上刻一点图, 有的在门户上画一些画, 心心相印, 口口相传, 文字就多起来, 史官一采集, 便可敷衍记事了. 中国文字的由来, 恐怕也逃不出这个例子." (이 책에서는 '在社会里' 넉 자가 생략되었다. -역주)

한자 창조에 관해서는 이 밖에도 물론 다양한 전설이 있다. 중국 문화의 시조로 알려진 복희伏羲가 팔괘八卦를 만들면서 더불어 한자도 만들었다는 이야기가 그중 하나다. 이런 전설을 접하면 한자의 탄생에는 신비하고도 몽환적인 색채가 감돈다.

앞서 언급했던 뫼-산山이나 글자-자字의 초창기 글꼴을 보면 현재 우리가 사용하는 한자의 모습과는 다소 다르다는 것을 눈치 챘을 것이다. 그러면 한자의 초창기 글꼴은 어떤 모양이었을까? 그런 초창기 글꼴을 발견한 사람은 누구였을까?

역사 기록과 고고학적 발굴 조사에 따르면, 기원전 1300여 년 전의 갑골문이 지금까지 발견된 문자로서의 한자 중에 가장 오래된 것으로 판단된다. 갑골문은 수천 년 동안 땅속에 묻혔다가 우연한 기회에 다시 세상에 나오게 되었다.

세계를 놀라게 한 뼛조각

이야기는 1899년으로 거슬러 올라간다.

그해 가을 어느 날 국자감國子監[19]의 총책임자였던 왕의영王懿榮이 학질에 걸렸다. 가족들이 놀라 의사를 불렀다. 의사는 진맥을 한 뒤 처방을 내렸다. 처방전에 따라 한약을 지었는데, 약재 중에 용골龍骨이 들어 있었다. 용골이란 동물의 뼈나 거북의 등뼈 같은 것이다. 그런데 거기에 제법 반듯하게 그림 같은

---

19 국자감: 수隋나라 이후 국립 교육기관으로 중국 고대의 교육 체계에서 최고 학부였다. 국자학國子學 혹은 국자사國子寺라 부르기도 한다.

부호가 새겨져 있었다. 금석학金石學 전문가였던 왕의영은 그런 그림 같은 도안을 무심코 지나치지 않았다. 하지만 아무리 들여다봐도 그것이 무슨 뜻인지, 누가 새겼는지 알 수 없었다. 왕의영은 가족을 불러 그 당시 북경의 한약방이란 한약방은 모조리 뒤져 무릇 도안이나 글씨 비슷한 것이 새겨진 용골을 무조건 사오라고 명했다.

이윽고 눈앞에 수북이 쌓인 용골을 물끄러미 바라보던 왕의영은 뼛조각에 선명하게 새겨진 글씨 비슷한 부호를 하나하나 살피면서 숙고하기 시작했다. 시간이 흐르면서 뭔가 집히는 바가 있었다. 『노잔유기老殘遊記』[20]로 유명한 유악劉鶚도 그의 벗이었는데, 그런 벗들을 초대하여 용골에 새겨진 부호를 보여주고 함께 토론하기도 했다. 여러 차례 모여 연구한 결과, 벗들은 왕의영의 추론에 동의했다. 용골에 새겨진 부호는 수천 년 전 땅속에 묻힌 중국 한자의 시조였던 것이다. 갑골甲骨에 새겨진 문자라 하여 갑골문甲骨文이라 불렀다. 이때부터 중국 문화에 거대한 영향을 미친 중국 문자가 마침내 세상에 다시 나타나게 되었던 것이다.

왕의영이 갑골문을 발견하게 된 스토리는 버전에 따라 약간씩 차이가 있다. 그러나 그가 갑골문을 최초로 발견했다는 데에는 이의가 없다. 갑골문이 발견된 그 이듬해 병약하고 무능했던 청나라 왕실은 팔국연합군이 침공하자 황망히 북경을 떠나면서 문인 출신 왕의영을 불러 수도경비 부사령관에 임명하고 수도 방위를 지시했다. 이에 왕의영은 붓을 놓고 총칼을 들어 팔국연합군에 맞섰지만 실패하고 말았다.

---

20 『노잔유기』: 유악의 대표작으로 청나라
  말기 중편소설이다. 방울을 흔들며 떠도는
  돌팔이 의사 노잔老殘이 두 달 동안 겪은
  이야기를 줄거리로 삼아 청나라 말기 사회의
  이모저모를 비판한 이른바 '견책소설'이다.
  유네스코가 세계문학명저로 선정했다.

왕의영은 전통적인 선비답게 "임금이 우환을 겪으면 신하는 모욕을 감당하고, 임금이 모욕을 당하면 신하는 죽음으로 보답한다"[21]는 유언장를 남기고 가족과 함께 우물에 투신하여 순국했다.

대학자가 이처럼 허망하게 사라지고 말았다. 그의 지조와 절개도 물론 훌륭한 것이지만 그의 명성은 오히려 갑골문의 발견으로 역사에 길이 남을 것이다.

이제 수천 년 전의 갑골문을 감상하기로 하자. 중국 근현대 문호였던 곽말약(궈모뤄)郭沫若은 『은허수편殷墟粹編』에서 이렇게 평가했다. "복사卜辭(점쳤던 문자)는 거북 껍질에 새겨져 있는데, 새김의 정교함과 글꼴의 아름다움은 수천 년이 지났어도 감탄을 금할 수 없다. 글꼴은 새긴 사람이나 시대에 따라 다르다. 대체로 무정武丁이 통치하던 시절의 글꼴은 웅혼하고 제을帝乙이 통치하던 시절의 글꼴은 수려하다. 손톱만 한 조각에 미세한 글꼴이 수십 자씩이나 새겨져 있기도 하고 큼지막한 글꼴 하나는 손톱보다 크기도 하다. 글의 줄과 줄 사이의 성김 조밀함, 글꼴의 구조, 이 모든 것이 앞뒤가 서로 호응하며 질서정연하게 배치되어 있다. 개중에는 간혹 아무렇게나 급히 새긴 글꼴도 물론 있는데, 그런 것은 늠신廩辛이나 강정康丁이 통치하던 시절이다. 글꼴이 엉망이긴 해도 다채로운 면모가 엿보이니 이 또한 하나의 스타일이라 하겠다. 무릇 갑골 문자는 정교한 기술이 아니면 결코 새길 수 없는 글꼴이다. 그런 기술을 정교하게 구사하려면 오랫동안 연습하여 숙달되어야 할 것이다. 오늘날 붓글씨를 연습한다 해도 그러하거늘 하물며 칼로 뼛조각을 새기는 것인데 말할 나위

---

21 "君憂臣辱, 君辱臣死."

(좌)부호가 새겨진 거북 껍질로 가호賈湖에서 발견되었다.
(우)토기에 새겨진 다양한 부호로 쌍돈雙墩 신석기 유적에서 발견되었다.

가 있겠는가?"22

갑골문은 당연히 하루아침에 만들어진 것은 아니다. 장기간에 걸쳐 준비하고 사용하면서 점차 체계를 갖춘 문자가 된 것이다. 그러므로 학계에서는 지금까지의 고고학적 발굴에 근거하여 약 8000여 년 전의 '가호각부賈湖刻符'23와 약 7000여 년 전의 '쌍돈각부雙墩刻符'24를 갑골문의 선조로 보기도 한다. 말하자면 한자가 세상에 나오기 전의 태아 상태가 아닐까 추측하고 있다. 하지만

---

22 "卜辭契于龜骨, 其契之精而字之美, 每令吾輩數千載
後人神往. 文字作風且因人因世而異, 大抵武丁之世,
字多雄渾, 帝乙之世, 文咸秀麗. 細考于方寸之片, 刻文
數十, 壯者其一字之大, 徑可運寸. 而行之疏密, 字之結
構, 回環照應, 井井有條. 固亦間有草急就者, 多見于
廩辛康丁之世, 然雖潦倒而多姿, 且亦自成一格. 凡此
均非精于其技者絕不能爲. 技欲其精, 則練之須熟, 今
世用筆墨者猶然, 何況用刀骨耶?"

23 가호각부: 하남성 무양현舞陽縣 가호賈湖
유적에서 발견된 거북 껍질 및 동물 뼛조각에
새겨진 부호. 부호의 모양은 여러 필획이
조합된 구조가 분명하여 중국에서 발견된
문자 중에 가장 오래된 것으로 보기도 한다.

'가호각부'나 '쌍돈각부'는 발견된 수량도 아직은 적고 또한 체계적인 문자의 특징도 엿보이지 않으므로 그저 부호적인 성격일 뿐 문자라고 단정할 수는 없다는 의견도 물론 있다.

그런데 흥미로운 점은 이 부호들이 다른 물체도 아니고 대부분 거북 껍질이나 동물의 뼛조각에 새겨져 있다는 사실이다. 알다시피 갑골문은 오로지 거북 껍질이나 동물의 뼛조각에 전문적으로 새겨진 문자이다. 그렇다면 둘 사이에 어떤 연관이 있는 것일까?

한자에 관심이 많은 독자는 갑골문이 점을 쳤던 기록임을 알 것이다. 현재의 관점에서 보면 일종의 미신이라 치부할 수도 있겠지만 그 오랜 옛날 인류가 처했던 환경이나 생존 문제는 지금 우리들이 상상하기 힘들 정도로 위험하고 열악했다. 특히 이해할 수 없는 자연현상이나 해결하기 힘든 생존문제에 몰릴 때마다 그들은 다만 자연을 경외하며 일종의 초자연적인 힘이 도와주기만을 간구했을 것이다. 그러므로 그들에게 점을 치는 행위는 일상생활에 필요불가결한 요소였을 것이다.

갑골문의 비밀

초창기 점술은 어떻게 진행되었을까? 신령스러운 제사장 같은 이가 있었을 것이다. 그들은 점을 치고자 하는 주제를 우선 거북이나 동물의 뼛조각에 새

---

24 쌍돈각부: 안휘성 방부시蚌埠市 회상구淮上區 쌍돈촌雙墩村 유적에서 630여 개 부호가 새겨진 뼛조각이 발견되었다. 수량도 많고 또한 한 곳에 집중되어 있어 주목된다. 신석기 시대 유적에서 지금까지 발견된 문자 자료 중에서 '쌍돈각부'가 양적으로도 가장 많고 내용에서도 가장 풍부하다.

긴 후 불 속에 던져 넣었다. 뼛조각은 가열되어 갈라졌을 것이고, 제사장은 그 열흔裂痕으로 길흉을 판단했다. 말하자면 거북 껍질이나 동물 뼛조각의 갈라진 모습으로 어떤 일을 예언하거나 어떤 일의 가능성을 점지했던 것이다. 현재 우리가 사용하는 한자 중에 조兆는 조짐兆朕의 뜻인데, 초창기 글꼴 갑골문에서는 뼛조각이 가열되어 갈라진 모습이었다.

현재까지 해독된 갑골문의 내용을 판단해도 대부분의 주제는 점占과 관련된 내용이다. 그러므로 갑골문을 통해 중국인의 옛 조상들이 어떻게 생활했으며 그들의 정신세계는 어떠했는지 연구하는 학문이 하나의 전문 분야를 이루고 있다.

갑골문에는 "병인복丙寅卜, 경진복庚辰卜, 계사복癸巳卜" 등의 문구가 수시로 등장한다. 이런 문구 뒤로는 기본적으로 점치려는 주제와 함께 그 내용이 나온다. 따라서 점을 쳤던 시간과 장소, 점치는 사람, 무슨 일로 점을 치는 것인지, 점의 결과는 무슨 내용인지까지도 기록되었다.

이제 구체적인 실례를 들어보도록 하겠다. 일반적으로 완벽한 갑골 복사卜辭란 다음 네 부분을 모두 구비한 것이다. 서사序辭, 명사命辭, 점사占辭, 험사驗辭가 그것이다. 첫째는 '서사'인데 점을 친 시간과 점친 사람을 기록했다. 예를 들어 "갑오복甲午卜, 왕王"이 그러하다. 둘째는 '명사'인데 점칠 주제를 기록했다. 예를 들어 "정貞, 금석우今夕雨"가 그러하다. 셋째는 '점사'인데 점친 결과로서 예를 들어 "길고吉告"가 그러하다. 넷째는 '험사'인데 점의 영험 여부로서 예를 들어 "지석윤우之夕允雨, 지우무신우至于戊申雨"가 그러하다.

여기서 주의할 점은 복사 중에 보이는 간지干支인데, 갑오甲午나 무신戊申 등은 '연도'를 표시한 것이 아니라 '시각'을 가리킨다. 따라서 위 네 부분을 연결하여 한글로 풀어주면 다음과 같다. "어느 날 11시부터 13시 사이에 상商나라 왕의 뜻에 따라 점을 쳤다. 묻건대 저녁 무렵 비가 올 것인가? 점친 결과를 확인하니 매우 좋은 조짐이었다. 과연 저녁 무렵 대략 15시부터 17시까지 비가 내리기 시작했다."

갑골문 복사卜辭.
점의 주제와 내용이 새겨진 갑골문.

은상殷商 시대에 점술 활동은 매우 빈번했고 또한 다양한 분야에 걸쳐 진행되었다. 크게는 전쟁이나 자연현상으로부터 작게는 생육이나 일상사에 이르기까지 크고 작음을 막론하고 거의 모든 일에 점을 쳤던 것으로 보인다.

이런 갑골 조각이 지금까지 몇 개나 발견되었을까? 발견된 뼛조각의 글씨는 얼마나 해독되었을까?

20세기 20~30년대 및 60~70년대에 걸쳐 대대적인 고고학적 발굴이 여러 차례 있었다. 또한 그 사이사이에 소규모로 진행된 발굴조사도 있었다. 학계의 결론이 아직 완전히 통일되지는 않았지만 출토된 갑골 조각이 최소 10여만

갑골문 조각.

개 이상이라는 점에서는 일치하고 있다. 게다가 대부분의 갑골 조각은 하남성 안양시安陽市의 소둔촌小屯村에서 발견되었는데, 그것을 간단히 '은허갑골殷墟甲骨'[25]이라 부른다. 물론 갑골 중에 일부는 섬서성 관중關中 서부의 기산岐山 및 부풍扶風 사이에서 발견된 것도 있는데, 그것을 간단히 '주원갑골周原甲骨'[26]이라 부른다.

갑골 조각에 새겨진 글씨를 연구한 결과 서로 다른 부호를 대략 4000여 개 추려낼 수 있었다. 유감스럽게도 그 부호의 상당수는 아직까지 무슨 뜻인지 확실하게 밝혀지지 않았지만, 그래도 1000여 자 정도는 충분히 해독되었다. 또 하나 아쉬운 점은 앞서 소개했던 점술의 내용처럼 전체적으로 완벽한 내용의 갑골문은 무척 희귀하여 대략 열 조각 안팎에 불과하며, 나머지는 모두 일부 내용만 남아 있다. 비록 완벽한 내용은 아닐지라도 그간 발견된 갑골 조각을 연구하면 그 당시 사회의 일단을 엿볼 수 있다. 예를 들어, 그 당시 점을 쳤던 자는 일반인이 아니라 왕실과 관련된 자로서 권력·지위·신분을 가진 자가 대부분이었고, 점의 내용도 대개 왕실과 관련된 일이 많았다.

은상 왕실과 관련된 갑골문 중에는 훗날 출토된 청동기 및 기타 문물에서도 보이듯 "상商, 태갑太甲, 조을祖乙"처럼 왕조의 명칭과 함께 역대 제왕의 이름이 등장한다. 그렇다면 왕조의 명칭과 제왕의 이름은 어떻게 정했을까? 왕조의 이름은 단순한 명칭이 아니라 특별한 뜻이라도 담긴 것일까? 중국 역사상 최초의 왕조는 하夏나라로 알려졌다. 일부 학자는 하夏의 초창기 뜻이 곤충

---

25 은허갑골: 하남성 안양시 소둔촌 은허殷墟 유적지에서 발굴된 갑골문으로 문자 체계를 갖춘 가장 오래된 한자로 인정받고 있다. 은나라 왕족의 혈통, 못자리, 인물, 글꼴의 특징에 근거하여 은허갑골을 몇 단계로 구분할 수 있고 또한 그 시기마다 독특한 필체가 있다고 주장하는 학자도 많다.

26 주원갑골: 섬서성 기산현 봉추촌鳳雛村 및 부풍현扶風縣 제가촌齊家村의 주원周原 유적지에서 발견된 갑골문자다. 주원갑골은 한자의 원류 및 서주西周 역사를 연구하는 데 귀중한 자료로 여겨진다.

안양 박물관에 소장 중인 갑골문 탁본 및 현대 중국어 대조문.

이라 주장했고, 또 다른 학자는 원숭이와 같은 동물의 모습이므로 일종의 토템이라고 설명했다. 학자에 따라서는 그 당시 중원中原 지역에 살았던 사람들의 모습을 그린 것이라 해석했다. 그렇다면 과연 하夏는 무엇이었을까?

위진남북조 이후 중국을 통일했지만 요절한 왕조로 수隋나라가 있다. 관련 기록에 따르면 어떤 한자로 왕조의 이름을 지을까 격론이 벌어졌던 모양이다.

우여곡절 끝에 수隋와 수隨로 압축되었고, 마침내 우리 모두가 아는 수隋로 결정되었다. 그렇다면 그들의 결정이 과연 정확하고 옳았는가? 일반인이 모르는 어떤 심오한 뜻이 그 속에 담겨 있을까?

이 책은 중국 12개 왕조의 명칭과 그 배후에 담긴 이야기를 통해 부침했던 중국 역사의 한 단면을 독자들께 소개함과 동시에 불과 손톱만 한 네모꼴 한 자에 담긴 중국인의 지혜를 음미할 수 있도록 기획되었다.

이제 중국 역대 왕조의 명칭 속으로 발길을 옮겨보도록 하자.

좌로부터 이빨, 눈, 수레. 사물의 모습을 사실적으로 그려준 갑골문.

제 1 강 ═ 하夏：중원의 중국인

— 하나라는 '여름─하夏'와 관련이 있을까?

— '하,의 본뜻은 원숭이인가, 매미인가?

— '하,는 사람과 관련이 있다

— '대,를 접두사로 붙인 유일한 제왕、대우

— 화하華夏 명칭의 유래

하夏는 중국 역사상(?) 최초의 세습제 왕조이며, '화하華夏'는 중화민족을 상징하는 명칭이다. 그렇다면 여러분은 다음과 같은 사실을 알고 계시는지? 하夏는 본디 '사람'을 가리켰고, 특히 중원 지역에 살았던 '중국인'을 가리켰음을 아시는지? 또한 주변의 기타 민족 주거지와 비교할 때 중국인들은 그들이 살던 중원이 땅의 중심이라 여겼기에 그들의 나라도 자연히 '가운데 나라' 즉 '중국'이 된 것임을 아시는지?

중국 역사상(?) 최초로 왕위 세습제를 택한 하나라부터 이야기를 시작하자. 하나라는 무슨 이유로 하夏를 왕조의 명칭으로 삼았을까? '하'가 무슨 뜻이기에 하나라 왕들은 좋아했을까? 그들은 '하'로써 무엇을 표현하고자 했을까?

하나라가 과연 실제로 존재했던 왕조인지는 물론 얼마 전까지도 여전히 논쟁거리였다. 그러나 '하·상·주 단대공정夏商周斷代工程'[1]이 추진되고 또한 하남성 이리두二里頭[2,3] 유적이 발굴되자 하나라의 신비한 장막이 서서히 걷히면서 마침내 세월의 풍파에 시달렸던 그림자가 조용히 모습을 드러내기 시작했다.

지금까지 발견된 유적 중에 가장 오래된 궁궐 터. 하남성 언사 이리두 유적 궁전구宮殿區 5호 터.

1 '하·상·주 단대공정'은 중국의 고대사(하나라·상나라·주나라) 연구 작업이었다. 구체적인 연대가 불분명한 중국 고대의 하나라, 상나라, 주나라 역사에 대하여 구체적인 연대를 확정하려는 시도였다. 단대斷代란 시대를 구분한다는 뜻이고, 공정工程은 프로젝트를 뜻한다. 그러나 1996년부터 약 5년 동안 다방면에 걸친 200여 명의 전문가가 참여했고 또한 국가 차원의 상당한 연구비가 투입되었지만 연구 과정이나 연구 결과에 미흡한 부분이 드러나 국내외 학계의 비판을 받았다. 따라서 '하·상·주 단대공정'은 미완성 프로젝트라고 봐야 할 것이다. -역주

2 이리두 유적: 하남성 언사시偃師市 이리두촌二里頭村 및 그 주변 지역에 위치. 중국 문명의 기원, 국가의 탄생, 도시의 기원, 왕국의 수도 건설, 왕국의 제도 등의 문제를 연구하는

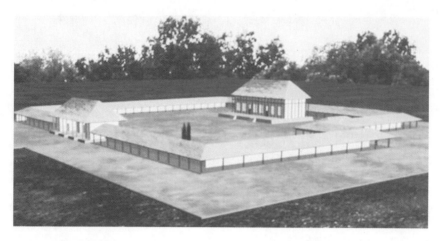

유적에 근거하여 재현한 하나라 왕궁 상상도.

　하나라가 실존했다고 가정하자. 그렇다 해도 과연 하나라를 세운 자가 대우大禹인지, 그의 아들 하계夏啓인지 이 문제도 그간 의견이 분분했다. 현재 대다수 의견은 하계로 보고 있는데, 그 이유는 권력의 승계 방식이 그 이전과는 확연히 달랐기 때문이다. 하계 이전에는 부락연맹의 맹주가 권력을 이양할 때 기본적으로 '선양禪讓' 제도에 따랐다. 부족의 구성원 중에 품행과 능력이 우수한 자를 선택하여 자리를 넘겨주는 방식이었다. 따라서 대우大禹도 관례에 따라 백익伯益[4]을 선정했다. 그러나 대우가 죽자 하계는 선양 제도를 무시하고 권력 투쟁을 전개했다. 그리고 백익을 죽이고 스스로 권좌에 올랐다. 이때부터 왕위는 세습世襲 방식이 되었다. 세습은 대개 아버지에서 아들로 이어졌지만, 경우에 따라서는 형에서 동생으로 혹은 삼촌에서 조카로 이어지기도 했다. 요

데 중요한 자료가 된다.

3 이리두 유적이 하나라의 도성都城인지 여부는 학계에 논란이 많다. 일례로 허탁운許倬雲의 『중국문화사』(상)를 참고. "하夏의 역사는 확실한 고고학적 증거를 발견하지 못하여 아직까지도 전설에 머물고 있습니다. 중국 고고학계는 하남성 언사偃師 이리두二里頭 유적을 하 문화의 증거로 제시하기도 합니다.

전설에 불과한 하 왕조의 지리상 위치를 신전 성격의 공공 건축물이 발견된 이리두 유적과 결부시켜 그 유적이 곧 하 왕조의 수도라고 주장하는 것은 그 논거가 비약적입니다. 게다가 고고학 자료 자체로서는 청동기 시대 초기의 이리두 문화 유적이 곧 하 왕조의 수도라는 직접적인 증거는 전혀 없습니다(p. 116, 이인호 옮김, 도서출판 천지인, 2013)." - 역주

컨대 세습 제도란 전체 부족 구성원 중에 인재를 선발하여 이양하는 것이 아니라 권력의 승계가 가족 내부로 제한되는 것이었다.

하나라는 '여름-하夏'와 관련이 있을까?

하夏라는 한자는 지금 주로 '여름'이란 뜻으로 사용되고 있다. 그렇다면 하나라가 '하'를 왕조의 명칭으로 삼은 것은 여름과 관련이 있을까? 혹시 여름철에 나라를 세웠기에 그를 기념하고자 '하'로 정했을까? 여름은 백화가 만발하는 계절이니 하나라도 그처럼 아름답게 발전하라는 뜻을 담았을까? 중국어 성어에도 "여름 꽃처럼 살다生如夏花"라는 구절이 있지 않은가. 물론 인도의 대시인 타고르의 작품을 중국어로 번역하면서 생긴 성어이긴 하지만 말이다.[5]

여름에 태어난 아기에게 종종 '여름-하夏'를 넣어 이름을 짓기도 한다. '하생夏生'이나 '초하初夏'와 같은 이름도 있으니 아름다운 추억이 여름에 담겼기 때문일 것이다.

고대 천문역법 방면에 『하소정夏小正』[6]이란 책이 전해진다. 이 책의 이름에 '하'가 들어 있다고 하여 하나라 때 작품으로 단정할 수는 없다. 더욱 중요한 점은 이 책을 봐도 한 해를 춘하추동의 사계절로 나누거나 혹은 24절기로 나눈 내용은 보이지 않는다. 그렇다면 설령 이 책을 하나라 때 작품이라 가정하더라도 하나라 당시에 하夏라는 한자는 '여름'을 뜻했다고 볼 수는 없을 것이다.

---

4 백익: 상고 시대의 전설적인 인물. 날짐승의 말을 알아들었고 또한 목축과 수렵에도 능했다고 한다. 중국 최초로 집을 지은 인물로 알려졌다. 이에 중국의 한족漢族은 백익을 토지신으로 여겨 다양한 방식으로 모시고 있다.

5 "生如夏花"는 인도 시인 타고르의 시집 『비조집』의 제82수에서 유래했다. 영어 원문은 이러하다. "Let life be beautiful like summer flowers and death like autumn leaves." 중국 문학가 정진탁은 이렇게 번역했다. "使生如夏花之绚烂, 死如秋叶之静美." 곧 "삶은 여름 꽃처럼 현란하게 하소서, 죽음은 가을 낙엽처럼 참하고 아름답게 하소서"라는 뜻이다. -역주

6 『하소정』: 중국에서 가장 오래된 과학 자료 중 하나. 농업과 관련된 역법으로 중국에서 가장

현존하는 자료 중에 '하'를 '여름'의 뜻으로 표현한 경우는 『시경』[7]이 가장 오래된 듯하다. 예를 들어 "사월유하四月維夏, 유월조서六月徂暑"가 그러한데 "음력 4월이면 여름이 시작되는데 유월이면 벌써 혹서酷暑로 접어든다"라는 뜻이다. 학자들의 연구에 따르면, 『시경』의 작품은 아무리 이른 것이라도 서주西周 시대 이후이므로 하나라에 비하면 수백 년 뒤이고, 또한 그 사이에 은상殷商 왕조까지 끼어 있다. 그러므로 하나라는 '여름'과 무관하다고 단정해도 무방할 것이다.

그렇다면 하나라의 '하'는 무엇을 대표하며 무슨 뜻을 담고 있는 것일까?

수많은 학자들이 이 문제를 연구했다. 그들의 연구를 종합하면 대략 아래 몇 가지 의견으로 정리된다.

'하'의 본뜻은 원숭이인가, 매미인가?

첫째, '하'를 치아齒牙로 보는 견해. '어금니-아牙'와 하夏는 독음이 비슷하여 '아'로써 '하'를 대신하는 예가 많았다. 그러므로 '하'는 '아'의 뜻이라는 것이다. 이런 식의 해석을 일컬어 한자학에서는 가차假借라 한다. 중국의 옛글에서 독음이나 글꼴이 비슷한 경우 서로 통용했던 예가 무척 많았기 때문이다. 『논어』의 첫 구절에 나오는 유명한 예를 들어보겠다. "學而時習之, 不亦說乎(학이시습지, 불역'설'호)." 여기 둘째 구절의 셋째 글자 '설說'은 비슷한 글꼴 열悅을 대

오래된 서적. 원래는 『대대례기大戴禮記』 중 제47편의 글이었음.

7 『시경』: 중국 최초의 시집. 서주西周 초부터 춘추 시대 중반까지 약 500여 년간의 작품 305수를 수록했다. 진秦나라 이전에는 흔히 『시詩』라고 불렸고, 수록된 작품 숫자를 들어 『시삼백詩三百』 혹은 『삼백편三百篇』 등으로 불렸다. 서한西漢 때 유가의 경전으로 채택되어 비로소 『시경』이라 칭하게 되었으며, 그 명칭은 지금까지 사용되고 있다.

체한 것이니 '열'로 읽고 '기쁘다'로 새긴다. 또 다른 예를 들어보자. 시의 신선이라는 이백李白의 작품 중에 『행로 난行路難』의 다음 구절을 보자. "金樽淸酒斗十千, 玉盤珍羞 直萬錢(금준청주두십천, 옥반진수'직'만전)." 한글로 풀면 이러 하다. "금 술잔에 맑은 술은 한 말에 만 량이오, 옥 소반의 진수성찬은 일만 전의 값어치라." 여기서 둘째 구절의 다 섯째 글자는 직直인데 비슷한 글꼴 치値를 대체한 것이니 '치'로 읽고 '동등한 가치가 있다'의 뜻으로 새긴다. 이처 럼 옛글에서는 한자를 임시로 대체하는 현상이 있었다. 비 록 그렇다 하더라도 무조건 다 되는 것은 아니다. 이를테 면 『묵자』란 책에서 『시경』의 「대아大雅」를 대하大夏로 썼 다고 하여 하夏를 곧 아雅라 주장할 수는 없지 않겠는가.

둘째, '하'를 '매미-선蟬'으로 보는 견해. 갑골문에 매 미와 비슷한 모양의 글꼴이 있는데, 그 글꼴을 학자들은 '하'로 고증했다. 그러나 다른 학자들은 그 글꼴이 '하'가 아니라 매미를 가리키는 또 다른 글자 '쓰르라미-조蜩'나 '귀뚜라미'를 가리키는 다른 글자로 고증하기도 했다. 갑 골에 새겨진 갑골문이나 청동기에 새겨진 금문金文의 한 자 글꼴이 완전히 고정된 것은 아니지만 그렇다고 하여 매미, 쓰르라미, 귀뚜라미 등 서로 다른 곤충을 모두 똑같

이백의 초상.

은 하夏 하나로 표시할 리는 없을 것이다. 갑골문이나 금문에 보이는 한자의 개수는 한정되어 있는데, 여러 글꼴을 사용하여 동일한 하夏를 표시한다는 것은 귀한 자원을 낭비하는 것이니 이는 언어문자에 보이는 체계성의 원리에도 위배된다고 하겠다.

셋째, '하'를 토템 신앙과 관련하여 '원숭이'로 보는 견해. 그 근거로는 세 가지가 있다. (1) '하'의 고문자. 글꼴이 원숭이와 비슷함. (2) '하'와 원숭이 관련 한자의 고대 독음이 비슷하거나 같음. (3) 토템 신앙과 관련된 문화 배경. 이 견해는 나름 설득력이 있기도 하다. 그러나 갑골문에는 원숭이를 가리키는 또 다른 글꼴이 이미 있다. '원숭이-노夒'가 그것이다. 이미 원숭이를 뜻하는 한자가 있는데 군이 또 '하'라는 한자를 만들어 원숭이를 가리킬 가능성이 과연 얼마나 되겠는가. 설령 '하'가 원숭이를 뜻한다 했더라도 훗날 '하'의 확장 의미 가운데 원숭이와 관련된 뜻은 전혀 찾아볼 수 없다. 그렇다면 초창기 본뜻이 이처럼 빨리 사라진다는 것도 납득하기 힘들다.

그 밖에 다른 견해들도 물론 더 있다. 이런 견해는 모두 학술적인 고증을 거쳐 제시된 것이라 나름 일리가 없는 것은 아니다. 그러나 고전에 보이는 '하'의 용법, 고전에 기록된 하나라의 전설, 갑골문과 금문에 보이는 '하'의 글꼴, 훗날 '하'의 확장 의미, '하'가 하나라의 국명이 된 연유 등을 종합적으로 고려할 때, '하'는 하나라 사람이거나 하나라의 영토와 밀접한 관련이 있음을 알 수 있다.

'하'는 사람과 관련이 있다

갑골문이나 금문에 하夏가 보인다. 물론 대동소이한 글꼴이 여럿 있지만 기본적으로 모두 상형자이다. 감숙성 예현禮縣 대보자산大堡子山 진공묘秦公墓에서 '진공궤秦公簋'8/9가 출토되었다. '진공궤'는 춘추 시대 초기의 청동기이다. 거기에 새겨진 하夏는 『설문해자』에 수록된 금문 글꼴과 흡사하며 아래와 같다.

진공궤秦公簋

이 글꼴을 유심히 살펴보면 '사람'의 모습이 분명하다. 머리도 보이고 몸통도 보이고 손가락도 보이고 발가락까지 보인다. 거의 완벽한 사람의 모습이 아니겠는가. 글꼴의 가장 위쪽은 '머리-혈頁'이다. 이 글자가 들어간 한자는 모두 머리 부분과 관련이 있다. 예를 들어 정수리-정頂, 머리뼈-노顱, 목-경頸, 뺨-협頰, 아래턱-합頜 등을 보면 모두 그 안에 혈頁이 들어 있다. 혈頁의 아래쪽 중간은 사람-인人으로, 서 있는 사람의 몸통 측면을 그린 것이다. 몸통의 좌우 양쪽에 '절구-구臼'처럼 그린 부분은 사람의 왼손과 오른손을 표시한 것이다. 맨 아래의 '뒤져

진공궤 명문의 탁본.
명문의 첫줄 좌에서 우로
셋째 글자가 곧 하夏.

---

8 진공궤: 중국 춘추 시대의 청동기. 20세기 초 감숙성 천수天水에서 출토된 것으로 알려졌다. 겉에 100여 자의 글씨가 새겨져 있으며, 진秦나라 경공景公 때 제작된 것으로 밝혀졌다.

9 궤簋는 제기祭器의 일종. 하나라에서는 연璉, 상나라에서는 호瑚, 주나라에서는 보궤簠簋라 부름. 『논어·공야장』 편에서 공자는 자공子貢을 가리켜 호련瑚璉에 비유하기도 했다. -역주

서 올-치攵'는 사람의 발을 그린 것으로 곧 '발'을 표시한다. 우리가 자주 사용하는 단어로 '능가凌駕'가 있다. 능가의 '능凌' 오른쪽은 넘을-능夌인데 흙-토土를 높이 쌓아올린 언덕, 그리고 발을 표시한 '치攵'가 합해 언덕을 '넘다'는 뜻이다. '능가'가 '뛰어넘다'의 뜻으로 쓰이는 것도 이런 내력이 있기 때문이다.

요컨대 하夏의 초창기 글꼴을 분석하면 머리, 몸통, 양손 그리고 발까지 있으므로 이를 모두 합치면 온전한 '사람'의 모습이 틀림없다. 다만 세월이 흐르자 글꼴이 점차 단순해지는 추세에 맞춰 '구조 조정'이 이루어졌고, 그 결과 예서隸書와 해서楷書 단계에 이르러 초창기 글꼴의 몸통과 양손 그리고 아래쪽의 팔八 모양이 생략되어 현재 우리가 보는 하夏가 된 것이다.

그런데 '하'의 초창기 글꼴이 '사람'을 표시한 것은 맞지만 '일반 사람'을 가리켰던 것이 아니라 '가운데 지역에 사는 사람', 바꿔 말하자면 그 당시 '중국인中國人'을 지칭했다. 방금 말한 '중국인'의 중국은 현재 우리가 말하는 중국이 아니다. 그 당시의 중국이란 서쪽으로는 하남성 서부와 산서성 남부로부터, 동쪽으로는 하남성, 산동성 및 하북성의 경계 지역까지, 남쪽으로는 호북성으로부터 북쪽으로는 하북성에 이르기까지 이른바 광대한 중원 지역을 가리킨다. 이 중원 지역은 그 당시 하나라의 세력 범위였다. 그 당시 '중국인'들은 중원을 세계의 중심지라 여겼기에 그들의 나라를 중국이라 불렀던 것이다. 따라서 그 당시 중국이란 용어는 순전히 지리적인 개념이었지 현재 우리가 국가의 주권 개념으로 사용하는 중국이란 용어와는 전적으로 다르다.

따라서 '하'라는 글자는 당초 가운데 지역에 거주하던 중국 민족의 시조를 가리켰다가 점차 시간이 흐르며 그들이 사는 중원 지역을 지칭한 것이다. 그렇다면 나라를 세우며 '하'를 국호로 택했다는 것은 그들이 주인임을 밝힌 것이다. 말하자면 중원 지역을 관할하는 최고 통치자임을 천명한 것이었다.

고금의 문헌에서 '하'가 어떤 뜻으로 사용되었는지 확인하면 위 사실을 증명할 수 있다. 하나라의 기틀을 다진 이는 대우大禹로 알려져 있다. 대우는 그 당시 홍수 문제를 해결하고 이어서 하 왕조의 관할 지역을 아홉 개 구역, 즉 구주九州로 나누었다. 이 이야기는 『좌전左傳』[10] 「양공襄公 4년」의 기록 "망망우적芒芒禹迹, 획위구주畵爲九州"에도 보인다. 이 인용문을 한글로 옮기면 대략 이러하다. "넓고 넓은 우 임금의 발자취, 아홉 개의 주로 나누었다." 그러므로 구하九夏도 하나라의 영역을 가리키는 용어가 되었으며 지금도 중국 대륙을 일컫는 용어이다. 이를테면 채동번蔡東藩[11] 등이 저술한 『민국통속연의民國通俗演義』에 이런 구절이 있다. "각성향응各省響應, '구하'비등九夏沸騰." 한글로 옮기면 대략 이런 뜻이다. "각 성省이 호응하여 '중국 전역'이 끓어올랐다."

구하九夏 이외에 '하'가 영토를 지칭하는 단어로는 함하函夏, 함하咸夏, 방하方夏, 제하諸夏, 경하京夏 등이 있다.

['머리-혈頁'의 변천사]

갑골문甲骨文

소전小篆

예서隸書

---

10 『좌전』: 『춘추좌씨전春秋左氏傳』의 약칭.
13경經으로 알려진 유가 경전의 하나. 사건의
기록이 비교적 자세한 중국 최초의 편년체
역사서. 춘추 시대 말기 노魯나라 사관史官
좌구명左丘明이 노나라 역사서 『춘추』에
근거하여 편찬한 것으로 알려짐.

11 채동번: 역사학자이자 통속
역사 저술가. 10년의 공력으로
『중국역대통속연의中國歷代通俗演義』를
완성했다. 진시황제부터 중화민국
9년(1920년)에 이르는 역사 이야기로 중국
역사지식 보급에 불멸의 공을 남겼다.

그런데 제하의 제諸는 '여럿'의 뜻이므로 제하와 구하는 의미상 이미 통한다고 할 수 있다. 곽말약은 「돌아가자, 일본에서 귀국하며歸去來, 由日本回來了」란 시에서 이렇게 읊조린 적이 있다. "흔장잔골매제하欣將殘骨埋諸夏, 곡토정성부차시哭吐精誠賦此詩." 한글로 옮기면 대략 이러하다. "노구를 중국 땅에 기쁘게 묻히리니, 통곡하며 정성을 토해 이 시를 읊조린다." 한편 '쌀-함函'이나 '다-함咸'이란 글자는 모두 '포괄'이나 '전부'의 뜻이기에 함하函夏나 함하咸夏는 '전 중국'을 가리켰다. 당나라 때 왕발王勃[12]은 「배남교송서拜南郊頌序」에서 이렇게 읊은 바 있다. "읍양이취문명揖讓而取文明, 지휘이청함하指揮而淸函夏." 한글로 옮기면 대략 이러하다. "겸손한 태도로 문명을 이루고, 앞장서서 전 중국을 깨끗이 했다." '클-경京'에는 높거나 크다는 뜻이 담겨 있다. 이를테면 경창京倉은 높고 큰 양곡 창고를 뜻하고 경릉京陵은 높고 큰 언덕을 뜻한다. 또한 '모-방方' 자체가 대지大地를 가리키는데 이는 물론 하늘은 둥글고 땅은 네모지다는 뜻의 천원지방天圓地方으로부터 유래된 것이다. 따라서 경하京夏나 방하方夏로 중국 대륙을 표시할 때는 이미 광활한 영토를 암시한 것이기에 자긍심이 자연스럽게 배어 있는 용어이다.

사실상 '하'라는 글자 자체에 '큰-대大'의 뜻이 이미 담겨 있다. 갑골문에 '사람'을 표시하는 상형자는 거의 대부분 단순한 곡선으로 인체의 정면이나 측면의 윤곽을 그렸을 따름이다. 예를 들어 '사람-인人'과 '큰-대大'가 그것인데, 인人은 서 있는 사람의 측면 윤곽이고, 대大는 서 있는 사람의 정면 윤곽을 그린 것이다.

---

12 왕발: 당나라 시인. 한족漢族이다.
　자는 자안子安. 양형楊炯, 노조린盧照隣,
　낙빈왕駱賓王과 함께 당나라 초기 네 명의
　뛰어난 작가란 뜻에서 초당사걸初唐四傑이라
　한다. 초당사걸 중 왕발이 으뜸이었다.

13 『상서정의』: 공자의 31대 손이자 당나라 때
　학자였던 공영달孔穎達이 당 태종의 어명을
　받들어 편찬한 『오경정의五經正義』 중 하나다.
　주로 『상서』를 고증하거나 해설한 내용이다.
　유가儒家 경전에 대한 다양한 학파의 학설을
　전면적이고도 객관적으로 종합하여 해설했다.
　독창적인 견해로 후세에 큰 영향을 끼쳤다.

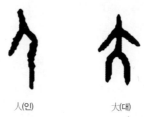

人(인)　　　　　大(대)

그런데 하夏도 사람을 그린 글자이지만 번거롭게도 사람의 머리부터 몸통 그리고 손발에 이르기까지 자세히 그려주었다. 그렇다면 여기에는 어떤 특별한 의도가 있다고 보아야 할 것이다. 역사 기록에 따르면, 대우와 하계가 이끌던 부족은 그 당시 여러 부족 중에서 실력이 막강했다고 알려져 있다. 또한 중원 지역의 면적은 사이四夷(사방의 이민족)의 영역에 비하여 훨씬 광활했다고 한다. 따라서 '하'에 대大의 뜻이 이미 담겼다는 것은 이론의 여지가 없었다. 『상서정의尙書正義』[13] 주석에 "대국왈하大國曰夏"라는 구절이 있는데, 이는 곧 "대국大國을 하夏라 칭한다"는 뜻이다. 또한 『좌전주소左傳注疏』[14/15]에도 "중국유예의지대中國有禮儀之大, 고칭하故稱夏"라는 구절이 있는데, 이는 곧 "중국은 예의 범절이 잘 갖추어져 있기에 하夏라 칭한다"는 뜻이다.

그 밖에도 『시경』에 이런 구절이 있다. "어아호於我乎, 하옥거거夏屋渠渠." 한글로 옮기면 대략 이러하다. "아아, 집이 크고 넓기도 해라." 또한 『여씨춘추』에 이런 구절이 있다. "북지인정지국北至人正之國, 하해지궁夏海之窮, 형산지상衡山之上." 한글로 옮기면 대략 이러하다. "(우 임금이 인재를 찾아) 북으로 인정국, 큰 바닷가, 형산 자락까지 이르렀다." 『시경』과 『여씨춘추』에 나오는 하옥夏屋

---

14 『좌전주소』: 유가 경전인 『춘추좌씨전』을 해설한 문헌으로 독립적인 저서는 아니다. 서진西晉 시대 정치가이자 군사가, 경학가經學家였던 두예杜預가 『춘추좌씨전』을 해설했던 내용과 당나라 때 경학가 공영달이 해설했던 내용을 일컫는다.

15 앞서 해설을 했던 내용을 주注, 그 뒤로 해설했던 내용을 소疏라 한다. 합쳐 주소注疏라 부른다. -역주

과 하해夏海의 '하'를 후세 학자들은 '크다'의 뜻으로 풀이했다. 그러므로 하옥은 '큰 집'이고 하해는 '큰 바다'이다. 그런데 남조南朝 시대 임방任昉의 『술이기述異記』[16]에서는 아예 노골적으로 하夏를 대大의 뜻으로 사용하고 있다. "두릉유금리杜陵有金李, 이대자위지하리李大者謂之夏李, 우소자호위서리尤小者呼爲鼠李." 한글로 옮기면 대략 이러하다. "두릉에 금색의 자두가 있는데, 자두가 큰 것은 하리夏李라 부르고, 아주 작은 것은 서리鼠李라 부른다."

대大라는 글자를 사람이나 사물 앞에 접두사로 붙이면 그것은 일종의 존중이나 찬양을 표시하는 것이다. 그렇다면 하夏에 대大의 뜻이 분명히 들어 있으므로 '하'에도 존중이나 찬양의 의미가 담겨 있음은 말할 필요가 없을 것이다. 앞서 언급했듯 묵자墨子가 『시경』의 「대아大雅」를 '대하大夏'로 썼다는 자체는 이미 하 왕조 및 그 영토에 대하여 존경심을 품었음을 보여준다. 왜냐하면 아雅는 정통이나 표준의 뜻이었고, 옛날에 아언雅言이란 표준어, 지금으로 말하자면 보통화普通話이기 때문이다. 묵자의 생각에 하 왕조 및 그 영토로부터 전해져 오는 것은 틀림없이 정통이고 우아하기에 표준으로 삼을 만했던 것이다.

그런데 중국의 전설이나 역사에 조예가 있는 분이라면 무릇 하나라를 언급하면 대大라는 접두사를 사용하여 찬양하는 대상이 있음을 즉각 눈치 챌 것이다. 그 대상은 누구일까?

---

16 『술이기』: 남북조 시기 남조 양梁나라 때 문학가 임방이 지은 책으로 도합 2권이다. 내용은 주로 신기한 이야기를 기록했지만 스토리는 빈약하다.

'대'를 접두사로 붙인 유일한 제왕, 대우

　하나라를 대하大夏라 부르지 않느냐고 답할 분도 있을 것이다. 그렇다, 이런 호칭은 후세 사람들이 하나라를 높여 부르는 용어임이 분명하다. 하지만 중국 역대 왕조를 칭할 때 대진大秦, 대당大唐, 대원大元, 대명大明, 대청大淸 등으로 많이 부르고 있다. 따라서 하나라에만 유일하게 접두사 '대'를 붙이는 것은 아니다. 하지만 '대'를 접두사로 붙여 칭하는 제왕이 있다. 이는 중국 역사상 유일무이한 경우인데 누구일까? 그는 곧 대우였다.

　물론 대우가 과연 하나라를 세운 초대 제왕인지 여부는 여전히 논란거리이다. 그러나 홍수 문제를 철저히 해결하여 누리게 된 명성만큼은 하나라 기타 제왕은 물론이고 중국 역대 그 어느 제왕도 감히 넘볼 수 없는 영예였다. 게다가 그가 하나라의 건국에 지대한 공헌을 했음은 부인할 수 없는 사실이다.

　역사 기록에 따르면 대우의 본성은 사姒이고 이름은 문명文命이며 자는 고밀高密이었다. 우禹가 그의 이름이라고 주장하는 이도 있다. 명문거족 출신으로 황제黃帝의 현손이자 오제五帝 중 한 명인 전욱顓頊의 손자였다. 하나라

대우大禹가 면류관冕旒冠을 착용한 상상도.

역사에 관한 사료가 부족한 상황이라 이설이 많은데, 그를 전욱의 6대 손자로 추정하는 학자도 있다. 관련 사료에 따르면 대우는 황하의 치수 사업에 성공했고 그 공훈으로 순 임금의 선양을 받아 왕위를 계승했다. 그 후 제후들이 추대하여 정식으로 왕위에 올랐다. 아울러 안읍安邑에 도읍지를 정하고 국호를 '하'로 삼았다. 안읍은 지금의 산서성 하현夏縣이다.

대우가 중국 역대로 각계각층의 사랑과 존경을 받았던 이유는 그의 인품이며 언행이 군자다웠기 때문이기도 하거니와 다른 측면에서 보면 그의 이름으로부터도 단서를 얻을 수 있다. 갑골문에서 우禹의 글꼴은 아래와 같은 모습이다.

일부 학자의 연구에 따르면, 위 글꼴의 세로 줄은 위험한 파충류 즉 뱀의 모습이며, 포크처럼 생긴 가로 줄은 막대기를 표시한 것이다. 따라서 그 둘을 합치면 막대기로 뱀을 때린다는 뜻이다. 다들 무서워 피하기 급급한 뱀을 감히 막대기를 들고 때릴 수 있는 자라면 보통 용기와 담력은 아닐 것이다. 이로부터 우禹에는 '용사'의 뜻이 담겨 있다고 볼 수 있다. 그렇다면 대우라는 이름 자체가 이미 용기와 위세를 암시하고 있는 것이다. 아주 오랜 옛날 원시 시대, 생존 환경이 지극히 열악하던 시절, 인류가 이 땅에서 생활하기란 무척 힘들

었을 것이다. 그런 상황에서 위풍당당하고 힘이 센 자가
있다면 그는 당시 사람들에게 마치 신神과 같은 존재였을
것이고 심지어 신처럼 섬김을 받았을 것이다. 이런 현상
은 비단 중국만이 아니라 세계 어느 민족도 마찬가지였
을 것이다. 세계 문화사나 종교사를 읽어보면 세계 각국
민족에게는 거의 예외 없이 숭배하는 '역량의 신'이 있었
음을 알 수 있다.

그리스 신화 중의
대역사大力士 헤라클레스.

　우禹의 초창기 글꼴에 대하여 오로지 위 해석만 있는
것은 아니다. 또 다른 해석에 따르면 '우'의 세로 줄이 갑
골문의 '아홉-구九'와 같다는 것이다. 구九의 갑골문 글꼴
은 아래와 같다.

　그런데 이 구九는 머리에 뿔이 난 이른바 각룡角龍의
모습을 그린 것으로 곧 '양쪽 뿔이 있는 새끼 용-규虬'를
뜻한다는 주장이다. '규虬'는 '규虯'로 쓰기도 한다. 『광아
廣雅 · 석어釋魚』 편의 해석에 따르면, 뿔이 하나인 용을

교교蛟, 뿔이 둘인 용을 규虬라 한다고 했다. 청나라 때 학자 단옥재段玉裁[17/18]는 『설문해자주說文解字注』에서 규虬를 이렇게 해석했다. "신령스러운 뱀이다. 신령스러운 못에 잠겨 있다. 구름과 비를 일으킬 수 있다."[19] 이상의 해설을 보건대 구九는 교룡蛟龍과는 형제지간이라 할 수 있다. 구九가 용龍과 관련이 있다면 중국 문화에서 용이 무엇을 뜻하는지 굳이 말할 필요는 없을 것이다. 용은 자연계의 신령스러운 존재일 뿐더러 천자天子의 상징이 아니겠는가.

이상을 통해 본다면 우禹에 내포된 뜻이 용맹무쌍한 전사든 신령스러운 용이든 중국인들은 상상의 나래를 펼치면서 대우를 향한 신뢰감과 존경심을 암암리에 표현했음을 짐작할 수 있을 것이다. 대우라는 인물과 그에 얽힌 전설은 훗날 중국 민족에게 엄청난 영향을 미쳤다.

화하華夏 명칭의 유래

이야기가 여기까지 진행되자 궁금한 점이 한 가지 생겼다. 하夏가 중원 지역에 거주하는 사람을 가리키고, 또한 시간이 흐르면서 하나라의 영토를 가리켰다고 한다면, 이른바 화하華夏 민족이란 한족漢族만을 지칭하느냐 하는 문제이다. 하나라의 역사(?)를 살펴보면 이 문제는 그리 어렵지 않게 해결될 것이다.

하나라가 멸망하자 왕실 자제 중 일부는 중원 지역에 계속 거주했지만 나머지 후손들은 남방과 북방으로 이주했다. 남방으로 이주한 후손은 대대로 번

---

17 단옥재: 청나라 문자학·훈고학 전문가이자 경학가. 대진戴震을 사사했다. 문자학, 음운학, 훈고학은 물론이고 교감校勘에도 조예가 깊었다. 휘파徽派 박학樸學 학자 중에서도 발군의 실력을 보였다.

18 휘파 박학이란 환파皖派 경학이라고도 부른다. '휘'나 '환'은 모두 안휘성의 약칭이다. 박학이란 질박한 학문이란 뜻으로 정주程朱 성리학性理學의 번지르르한 공리공담에 반대한다는 취지였다. 청나라 초기 안휘성 지역에서 형성된 학파로 중국 고전을 실증적으로 연구한 학파였다. 선구자는 황생黃生이고, 기초를 세운 자는 강영江永이며, 집대성자는 대진戴震이었다. 대진의 제자로 뛰어난 자가 곧 단옥재와 왕념손王念孫 등이며, 이로써 휘파 박학은 전성기를 맞이했다. 그 후 완원阮元이 뒤를 이었고 마지막 보루를 지킨

식하며 그 지역 토착민과 융합하여 대만의 소수민족, 해남도海南島의 여족黎族 및 기타 지역의 강족羌族·장족壯族·여족畬族의 일부가 되었고, 그중 또 일부는 바다를 건너 마침내 인도네시아 및 필리핀 등지로 이주했다. 한편 북방으로 이주했던 후손은 대부분 몽골 고원으로 진입했으며 그 지역의 기타 민족과 융합하면서 점차 후세의 이른바 흉노匈奴가 되었다. 『사기·흉노열전』에 이런 기록이 있다. "흉노의 선조는 하 왕실의 후예인데, 순유淳維[20]라 불렀다."[21] 여기서 '하 왕실'이란 왕위 세습제를 시작한 하계夏啓를 가리킨다. 그 뒤로 흉노는 여러 차례 이동하면서 다른 유목민족이나 토착민과 결합했다. 이로 인해 하 왕조의 후예들은 계속 주변 여러 지역으로 퍼지면서 에벤키족[鄂溫克族], 시버족[錫伯族], 다우르족[達斡爾族] 등으로 융합되었다. 그들 중 일부는 현재 중국 행정구역을 벗어나 러시아나 키르기스스탄으로 흘러들어 그곳의 국민이 되기도 했다.

그렇다면 화하華夏 민족은 한족漢族뿐 아니라 현재 중국의 거의 모든 소수민족과 함께 동일한 조상에서 유래된 것임을 알 수 있다. 중국인은 모두 한 가족이며 화하의 자손인 것이다. 중국인의 몸에 각인된 하夏는 처음에 중원 지역의 거주민이었다가 세월이 흐르며 씨족 부락 내지는 왕조의 명칭이 되었고, 마침내 그 후예들이 사방으로 이주했던 것이다. '하'의 변천사는 사실상 중화 문화의 전개 과정을 구체적으로 보여주고 있다. 그러므로 화하는 중화 민족의 정체성을 상징하는 용어가 되었다.

화하를 언급했으니 화華에 대해 설명하지 않을 수 없다. 화華의 초창기 글꼴

자는 유월俞樾이었다. 근대에 휘파 박학을 표방한 학자는 장병린章炳麟이었다. -역주

19 "神蛇, 潛於神淵, 能興雲雨."

20 순유: 전설에 따르면 순유는 하 왕조 걸왕桀王의 서자였는데 생모는 매희妹喜라고 한다. 흉노는 순유가 북방으로 이주하여 건립한 집단이라 전한다.

21 "匈奴, 其先祖夏后氏之苗裔也, 曰淳維."

22 '꽃-화華'의 초창기 글꼴 및 그 이후 변천 과정을 정리하면 다음과 같다.

꽃을 흔히 '화花'로 쓰지만 처음에는

은 '초목에 만발한 꽃'을 표시했다.[22] 그러므로 '화려하고 다채롭다[華彩]'거나 '번성繁盛'의 뜻을 담고 있다. 『상서정의』의 주석에 이런 구절이 있다. "면복화장왈화冕服華章曰華." 한글로 옮기면 대략 이러하다. "모자와 복장이 화려하게 빛남을 일컬어 화華라 한다." 또한 『좌전주소』에도 이런 구절이 있다. "유복장지미有服章之美, 위지화謂之華." 한글로 옮기면 대략 이러하다. "빛나는 복장의 아름다움이 있으니 그것을 일컬어 화華라 한다."

그런데 하夏에는 한자의 의미 확대 과정에서 '오색이 화려하고 다채롭다'는 뜻이 추가되었다. 『주례周禮』[23]에 "추염하秋染夏"란 구절이 있는데, 여기서 추秋는 계절을 뜻하지만 하夏는 '색채'를 뜻하고 있다. 따라서 "추염하"란 가을이

수묵화에 보이는 금계金鷄.

되면 오색의 염료로 옷감에 물을 들이기 적당하다는 의미이다. 또한 옛 문헌에 하적夏翟이란 용어가 보이는데 이것은 오색의 깃털을 지닌 금계金鷄를 일컫는다. 오색 도안으로 장식한 고대 마차의 덮개를 하만夏縵이라 했고, 화려하게 조각한 덮개를 하전夏篆이라 했다.

오색의 깃털이 아름다운 하적夏翟을 이야기했으니 대우大禹와 밀접한 관계에 있는 또 한 명의 유명인사 순舜을 언급하지 않을 수 없다. 순 임금은 치수 사업에 성공한 대우의 공적을 인정하여 그 당시 왕위를 대우에게 선양했다.

'화華'였다. '화華'의 초창기 글꼴을 보면, 나뭇가지마다 꽃이 활짝 핀 모습을 그려주었다. 시간이 흐르며 꽃의 모습이 희미해졌지만 글꼴의 중간에 '오른손-우又'를 추가하여 '손으로 꽃송이를 쥔 모습'이었다. 그 뒤로 꽃의 모양을 알아보기 힘들어지자 맨 위에 '풀-초艹'를 추가했다. 이렇게 되자, 본디 나무에 피었던 꽃이 풀에 핀 꽃이 되고 말았다. 어찌 되었건 화華는

꽃의 모양이었지만 획수가 복잡하다. 이에 중국인들은 간단히 줄여 '华(hua)'로 썼는데 이 글꼴이 훗날 현대 중국어의 간체자가 되었다. 화化의 아래쪽 십十처럼 생긴 것은 본디 '싹-철屮'이 변형된 것이다. 풀잎이 변화하여 꽃이 되었다는 뜻을 담은 것이다. '싹-철屮'을 두 개 나란히 놓으면 '풀-초艹'이며, 여기에 화化를 더하면 곧 우리가 흔히 사용하는 '꽃-화花'가 된다. 그러므로 '꽃'의 변천과정은

순舜 임금 초상.

전설에 따르면 순의 모친은 악등握登인데 어느 날 저녁 꿈에서 한 줄기 현란한 무지개가 하늘로 치솟는 모습을 보고 그 기운에 잉태하여 순 임금을 낳았다. 사마천의 『사기』에 "견대홍見大虹, 의감이생意感而生"이라고 기록되어 있기 때문이다. 그렇다면 순 임금도 신비하고 아름다운 깃털의 금계처럼 이 세상에 태어난 셈이다. 순 임금의 탄생 설화에도 영롱한 무지개의 '색채'가 있으니 여기서도 '화하'의 연관성이 엿보이지 않는가?

이제 두 눈을 감고 조용히 그려본다. 봄철의 '꽃-화華'처럼 무성하게 피어나

華-华-花로 진행된 것이다. 신석기 시대 '중원 문화권' 중 묘저구廟底溝 문화의 채도彩陶에는 채색된 장미꽃 도안이 많다. 고고학자들은 이 문화를 '하夏 문화'라 하는데, 훗날 중원 문화의 주류이자 중국 문명의 핵심으로 성장했다. 자고로 중국인들은 스스로를 화족華族 혹은 화하華夏 민족이라 칭하는데 이 장미꽃 도안과 연관이 있지 않을까 싶다. -역주

23 『주례』: 유가 경전의 하나. 주周 왕조의 제도와 전국戰國 시대의 각국 제도를 수집하여 유가 사상의 이상에 따라 편성한 저술이다. 중국 역사상 국가 체제를 가장 상세하게 기록한 최초의 서적이다.

고, 한더위 '여름-하夏'처럼 화려하게 펼쳐지는 화하華夏의 모습을. 무성하고
화려했던 그 모습은 중화 민족의 번영을 기대하고 믿었던 자긍심이리라.[24]

---

[24] 마지막 구절은 간지러워서 삭제했다. 원문은
이러하다. "愿我们的华夏民族生生不息, 薪火永传."
한글로 옮기면 대략 이런 뜻이다. "우리 중화
민족이여 영원하기를." -역주

제 2 강 ═ 상商:: 정의의 사도

─ 은상殷商의 유래

─ 상商과 금金의 미묘한 관계

─ 상나라 왕들의 신기한 이름

갑골문이 은허에서 발견되자 상商나라의 실존이 증명되었다. 상나라는 다방면에 걸쳐 획기적인 발전을 이루었다. 이를테면 천문역법, 야금기술, 갑골문 등에서 말이다. 그런데 여러분은 다음과 같은 사실을 알고 계시는지 궁금하다. 상나라의 상商이란 한자의 초창기 본 뜻은 하늘과 땅에 지내는 제사였다. 당시 제왕은 하늘의 명을 받들어 땅을 다스리는 자였기 때문이다. '상'을 왕조의 명칭으로 삼았던 이유도 하늘을 대신하여 정의를 행할 권리가 그들에게 있음을 세상에 선포하려는 데 있었다.

◇◇◇◇◇◇◇◇◇◇◇◇ 중국 역사상(?) 첫째 왕조였던 하나라가 점차 쇠약해졌다. 국가 차원의 홍수 퇴치 사업에 공을 세워 황하 중하류 지역에 봉해졌던 '설契(=偰)'의 후예들이 그 틈을 타고 서서히 세력을 키워 황하 중상류 지역으로 진출했다. 하나라 마지막 제왕 걸桀이 다스리던 시절, 설의 후예 탕湯이 부족을 이끌고 도전하여 일거에 걸왕을 제압했다. '탕'은 하나라 400여 년의 통치에 종지부를 찍고 이어서 중국 역사상 두 번째 왕조 상나라를 세우게 된다.

은상殷商의 유래

상나라의 건국 시기에 대해서는 '하·상·주 단대공정' 팀이 대략 기원전 1556년으로 추정한 바 있다. 건국 초기 도읍지를 박亳에 정했는데 지금의 하남성 상구商丘 일대이다. 그 뒤로 여러 차례 이동하다가 제19대 제왕 반경盤庚에 이르러 '은殷'을 도읍지로 정하고 정착했다. 지금의 하남성 안양시 소둔촌 일대였다. 그러므로 우리는 상나라 혹은 은나라로 부르기도 하지만 아예 둘을 합쳐 '은상殷商'이라 칭하기도 한다. 바로 '은' 그곳에서 갑골 조각이 대량 출토되어 한자 및 중국 문화의 요람이 되었다.

하나라와 비교할 때 상나라는 다방면에 걸쳐 놀랄 만한 발전을 이루었다. 그중에 획기적인 성과도 상당수 있는데, 이를테면 천문역법, 야금기술 등이 있다. 게다가 체계적인 문자까지 창안했는데, 곧 한자의 시조인 갑골문과 금문이 그것이다.

상나라가 '상'을 국호로 정한 것은 봉읍지에서 유래한 것으로 알려졌다. 이는 틀린 이야기가 아니다. 하지만 그게 그리 단순한 내용은 아니었다. 봉읍지의 명칭 배후에는 어떤 비화가 숨어 있을까? 오랜 옛날 사람들은 자연이나 하늘 그리고 귀신을 숭배하는 습속이 있었다. 그렇다면 '상'을 국호로 정한 이유와 함께 상나라 제왕들의 이름에 담긴 뜻도 탐구해볼 필요가 있다.

우선 '상商'의 갑골문 글꼴을 살펴보도록 하자.

위 글꼴은 상하 두 부분으로 구성된 것이다. 상단은 뭔가 묶여 있는 모습이고 하단은 탁자나 선반의 모습이다. 『좌전』의 기록에 따르면 "국지대사國之大事, 재사여융在祀與戎." 한글로 옮기면 이런 뜻이다. "국가 대사는 제사와 전쟁이다." 말하자면 오랜 옛날 부락이나 국가에서 가장 큰 일은 제사와 전쟁이었다는 것이다. 그렇다면 '상'의 글꼴은 다음과 같이 해석하는 것이 비교적 사실에 가까울 것이다. 상단은 소각용 장작더미, 하단은 제단, 그렇다면 이 둘을 합하면 하늘이나 천제天帝에게 제사를 올리는 모습일 것이다. 이와 같이 추론하는 또 하나의 강력한 근거는 '임금-제帝'의 갑골문이 '상'의 글꼴과 무척 유사하기 때문이다. 제帝의 갑골문 글꼴은 아래와 같다.

캠프파이어에 참가했다면 누구라도 위 글꼴의 모습을 본 적이 있을 것이다. 장작을 묶어 쌓아놓은 모습이 연상 되지 않는가? 그렇다면 '제'의 초창기 본뜻은 지푸라기나 장작을 쌓아놓은 모습인 것이다. 왜 쌓았을까? 하늘이나 천제에게 제사를 지내려고 준비한 것이다. 이로부터 '제' 는 하늘이나 천제를 가리키게 되었고 이어서 천제를 가 리켰다가 이윽고 뜻이 확장되어 인간세의 제왕을 지칭하 게 되었다.

중국 역사를 읽으면 다 아는 사실이지만 무릇 제왕은 예외 없이 자신을 하늘의 사자인 양 꾸미지 않은 자가 없 었다. 그들이 그렇게 행동했던 이유도 실은 간단하다. 문 무백관이며 백성들이 모두 머리를 조아리며 굴복하고 무 슨 말이든 고분고분 듣게끔 하려던 것이 아니겠는가. 황

하남성 안양시 소둔촌 '은허'에서
출토된 유물.

제가 거하던 궁전을 보라. 건물 정면의 큼지막한 현판에 "봉천승운奉天承運"넉 자가 각인되어 있지 않은가. '천명을 받들다'의 뜻이다. 그러니 제왕 본인은 하늘의 명을 받들어 인간을 다스리는 하늘의 아들, 즉 천자이니 알아서들 받들어 모시라는 선언이다.

이렇게 본다면 상나라의 명칭도 이와 비슷한 뜻이 담겨 있다고 볼 수 있다. 백성들에게 암시하고 싶었을 것이다. 상나라 통치자는 하늘의 명을 받들어 인간 땅에 군림하는 것이며, 하늘을 대신하여 정의를 행하는 것이기에 천하 만민은 경건하게 군왕의 명령을 따르라.

국보 사모무정司母戊鼎. 상나라 제왕 조경祖庚 혹은 조갑祖甲이 어머니 무戊를 위하여 제작한 제기祭器.

상商과 금金의 미묘한 관계

물론 '상'의 본뜻에 대해 다른 주장을 하는 학자도 없는 것은 아니다. '상'
이 '하늘에 올리는 제사'의 본뜻으로부터 확장되어 하늘의 별 이름이 되었다
는 것이다. 그 별은 상성商星인데 지금은 천문학적 용어로 금성金星이라 하며,
민간에서는 흔히 계명성啓明星이라 부른다. 황혼녘이나 새벽녘에 하늘에서 가
장 밝게 빛나는 별이다. 그 상성은 화염처럼 붉게 타오르기에 중국 고전에서
는 '큰 불'이란 의미로 '대화大火'라 부르기도 했다. '상' 부족은 이 상성을 숭배
했으므로 그들의 부족을 일컬어 '상'이라 했고, 훗날 나라를 세우자 자연스럽
게 국호도 '상'으로 정했다는 것이다.

그렇다면 '상성'은 어떻게 금성이 되었을까? 그것은 아마도 중국 전통의 오
음五音[1] 및 오행五行[2]과 관련이 있을 것이다.

중국 전통음악은 다섯 음률, 즉 궁상각치우宮商角徵羽로 나눈다. 이를 오행,
즉 목화토금수木火土金水에 대입하면 '상' 음은 '금金'에 해당한다. 한편 전국 시
대 음양가 추연鄒衍[3]은 오덕종시설五德終始說을 주장했는데, 그의 이론에서도
상나라는 금金의 덕을 가진 것으로 되어 있다. 오행이 순환한다고 여겼던 추연
은 인간도 그처럼 순환의 법칙을 따라야 하며, 이를 어기면 불길한 일이 발생
한다고 주장했다. 그가 했던 말을 그대도 옮기면 이러하다. "오덕지차五德之次,
종소불승從所不勝, 고우토故虞土, 하목夏木." 한글로 풀어주면 대략 이런 뜻이다.
"오행의 순서를 따르면 상극相剋하는 일이 발생하지 않는다. 그러므로 순舜 임

---

1 오음: 중국의 전통적인 음악에 쓰이는 다섯
  음률 '궁상각치우宮商角徵羽'를 가리킨다.
  오음의 명칭은 춘추 시대에 처음 등장했다.

2 오행: 만물을 구성하는 기본적인 다섯 원소
  '목화토금수木火土金水'를 가리키며 음양陰陽과
  함께 중국 전통문화의 핵심을 이루는 개념이다.

3 추연: 전국 시대 음양학파 창시자이며 오행설의
  대표적 인물. 그의 중요 학설로는 '오행 학설',
  '오덕종시설', '대구주설大九州說' 등이 있다.

금이 토土의 덕을 받았으면 토는 목木을 낳으므로, 그 법칙에 따라 대우大禹가
이었으니, 하나라는 목木의 덕이 틀림없다."

둥근 표시가 전갈자리에 있는 상성商星.

별자리, 오음, 오행에서 상商은 모두 금金과 연결되는 것이 범상치 않다. 한
편 상나라의 국호 '상'에 또 하나의 국호인 '은殷'이 첨부된 일을 기억할 것이
다. '은'은 상나라 왕 반경이 천도한 곳의 이름이므로 지명과 관련된 점은 의심
할 여지가 없다. 다만 '은'이 지명으로 사용되기 전에 이미 다른 뜻으로 사용되
었다는 사실이다. 우리가 이 문제를 추적하면 은상殷商 왕조의 배후에 숨어 있

는 신비한 면모를 엿볼 수도 있을 것이다. '은'의 금문 글꼴은 아래와 같다.

위 글꼴의 좌측은 사람의 모습인데 오른쪽으로 길게 펼쳐진 부분은 상체의 팔이 아니라 휘날리는 옷소매이다. 글꼴의 우측은 손가락으로 무슨 도구를 잡은 모습이다. 따라서 이 둘을 합치면 소맷자락 날리며 덩실덩실 춤을 추는 모습이다.

춤과 음악은 오랜 옛날 모든 부락 및 민족에게 지극히 흔하고 자연스러운 행사이자 오락이었다. 지금도 전통적인 생활을 유지하고 있는 일부 민족은 흥이 나면 노래를 부르고 춤을 추는 습속이 여전하다. 텔레비전에서 흔히 볼 수

동한 시대 무덤에서 출토된 '연음악무도宴飮樂舞圖'. 한글로 옮기면 '음주가무도'에 해당한다.

파인악무벽화巴人樂舞壁畫. '파巴'는 춘추 시대 지금의 사천성 동부에 위치했던 나라.
그 나라 사람들의 가무도 벽화.

있는 다큐멘터리에도 아프리카 원주민이나 아메리카 인디언이 음악에 맞춰 군무하는 모습을 보게 된다. 그렇다면 '은'이란 한자에 드러난 춤과 노래에는 이런 코드가 담겨 있을 것이다. 첫째, 은상 왕조의 번영을 암시하는 것이다. 백성들이 소맷자락 휘날리며 덩실덩실 춤을 추며 태평성대를 구가하고 있지 않은가. 둘째, 이와 같은 암시는 '은'의 확장된 뜻에도 여실히 반영되어 있다. 중국인들은 지금도 아무개의 생활이 풍족하다고 할 때 '은실殷實(yinshi)'이란 단어를 사용한다.

진수陳壽의『삼국지三國志』[4/5]에도 "민은국부民殷國富" 넉 자가 나온다. 한글로 옮기면 "백성들의 삶이 넉넉하고 국가도 부유하다"는 뜻이다. 또한 중국인

---

4 『삼국지』: 서진西晉 시대 사학가 진수가 지은 역사서로 삼국 시대를 기록했다. 중국 역사를 기록했던 24사史 중 가장 높이 평가하는 '전사사前四史'의 하나다.

5 '전사사'는 사마천의『사기』, 반고의『한서』, 범엽의『후한서』, 진수의『삼국지』. -역주

은 지금도 누구에게 무엇을 절실하게 기대하는 경우에 '은절殷切(yinqie)'이란 단어를 사용한다. 이를테면 추도분鄒韜奮[6]은 『평적기어萍跡寄語』에서 이렇게 말했다. "그 자신도 조국이 어떤 모습인지 본 적은 없다. 그러나 세계 도처의 화교들은 살을 에는 고통을 느끼고 있기에 조국이 분발하기를 바라는 마음이 너무도 간절하다."[7] 여기서 '간절'에 해당하는 중국어 단어가 '은절'이었다.

한편 손으로 무엇을 들고 춤을 추는 것은 본디 고대의 풍속이었다. 아무래도 분위기를 띄우는 데는 맨손보다는 뭘 들고 흔들거나 소맷자락을 펄럭이는 것이 훨씬 효과적이기 때문이다. 홍문연鴻門宴에서 항장項莊이 음악에 맞추어 칼춤을 추었다. 물론 항장의 칼춤은 그저 분위기를 돋우려는 것이 아니라 유방을 살해하려는 섬뜩한 계략이긴 했다. 그러나 항장의 칼춤을 다른 각도에서 생각하면 그것은 그 당시 손님을 접대하는 예절에 어긋난 행동은 아니었다. 병기를 들고 춤을 추는 방식은 중국의 고전 『예기禮記』[8]에도 기록되어 있다. "비음이악지比音而樂之, 급간척우모及干戚羽旄, 위지악謂之樂." 한글로 옮기면 대략 이런 뜻이다. "소리의 높낮이에 따라 연주하고, 방패와 도끼 그리고 수컷 꿩과 야크의 꼬리털을 쥐고 춤을 추면, 그것을 음악이라 부른다."

이상으로 본다면 '은상' 왕조의 명칭에는 사람들이 잘 모르는 나름 의미 있는 메시지가 담겨 있었던 것이다. 그런데 의미 있는 메시지는 비단 이것만이 아니다. 상나라 제왕들의 이름도 심상치 않다. 상나라의 국호와 연결하여 숙고하면 제왕의 이름에도 담긴 뜻이 있음을 알게 된다.

---

6 추도분: 중국 근대사의 애국자이며 신문기자·출판가·정론가였다. 주간지 『생활』 및 『시사신보』의 문예판 주필을 역임하며 예리한 필봉으로 정의를 밝혀 여론을 이끌었다.

7 "他自己并未曾见过祖国是个什么样子, 但因侨胞在国外处处感到切肤之痛, 他希望祖国争气的心也异常的殷切." (마지막 구절에 "殷切"이 보인다. -역주)

8 『예기』: 유가 경전 오경五經의 하나. 서한西漢 시대 대성戴聖이 진한秦漢 이전의 의례儀禮 관련 저작을 통합하여 총 49편으로 편찬한 책. 사회제도, 예의제도, 관념의 계승 및 변화 등에 관한 논술이 주를 이루고 있다.

상나라 왕들의 신기한 이름

'은상' 왕조에는 30여 명의 제왕이 있었다. 제왕의 이름을 살펴보면 태갑太甲도 있고 외병外丙, 옥정沃丁, 태무太戊, 옹기雍己, 제신帝辛 등이 보인다. 세심한 독자는 왕들의 이름에 흥미로운 글자가 하나씩 들어 있음을 금세 간파할 것이다. 갑을병정무기경신임계, 이른바 천간天干이 이름에 들어 있다. 이처럼 체계적으로 천간을 사용하여 제왕의 이름을 지었던 예는 중국 역사상 전무후무, 오로지 '은상' 왕조가 유일하다. 그렇다면 여기에도 특별한 뜻이 담겨 있는 것일까?

상나라 제왕 계보도

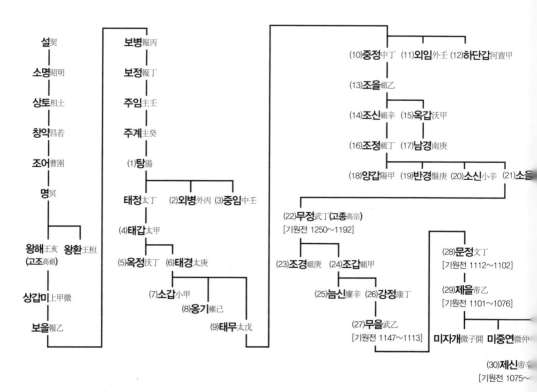

* 상나라 초대 제왕은 탕湯이며 그의 아들 태정太丁이 태자로 책봉되었으나 요절하는 바람에 왕위에 오르지 못한 것으로 전해진다.

우선 천간天干의 의미와 작용에 대해 알아보기로 하자. 천간은 10개로 갑甲, 을乙, 병丙, 정丁, 무戊, 기己, 경庚, 신辛, 임壬, 계癸를 말한다. 처음에는 천간을 사용하여 날짜를 기록했다. 그러므로 열흘을 한 주기로 삼은 것이다. 그 뒤로 12개 지지地支, 즉 자子, 축丑, 인寅, 묘卯, 진辰, 사巳, 오午, 미未, 신申, 유酉, 술戌, 해亥와 결합하여 연월일을 기록했다. 10개 천간과 12개 지지의 최소공배수는 60이므로 60을 한 주기로 삼게 된다. 예를 들어 갑자년甲子年은 60년마다 새로 시작되는 첫해이며 자子가 쥐에 해당하므로 쥐띠 해이다. 간지干支(=천간과 지지)를 사용하여 날을 기록하는 방법은 약간 복잡하다. 언제부터 시작할지 첫날을 잡아야 하기 때문이다. 학자들의 연구에 따르면, 우리가 사용하는 간지 기일법은 기원전 720년, 즉 춘추 시대 노나라 은공隱公 3년 2월 기사일己巳日부터 시작되었다. 따라서 지금까지 2700여 년 동안 오차 없이 줄곧 이어지고 있는 것이다. 이제는 힘들게 계산할 필요도 없다. 웹에는 물론이고 스마트폰 앱으로도 달력의 날짜를 간지로 변환해주는 프로그램이 무척 흔하므로 사용해보기 바란다.

천간은 고대 중국인이 발명한 창의적인 성과물인데 시간이 흐르면서 천문·역법·농경 등의 발전에 크게 공헌했고, 심지어 역학易學·수학數學 등과도 무척 긴밀하게 연결되어 있다. 실로 오묘한 바가 있어 지금도 연구하는 분이 많다. '천간'의 명칭에 '하늘-천'이 들어 있으므로 기본적으로 천문天文과 연관됨도 당연하다 할 것이다. 문헌에 따르면, 갑甲은 '천둥-뇌雷', 을乙은 '바람-풍風', 병丙은 '해-일日', 정丁은 '별-성星' …… 계癸는 '춘우春雨(봄비)'로 대응하기도 했다. 이처럼 천간은 천문 및 기상과 대단히 밀접하게 연결되어 있음을

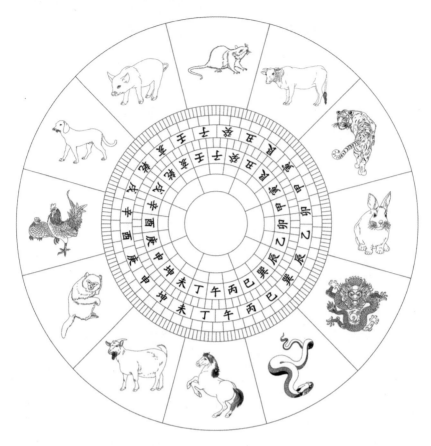

천간天干, 지지地支와 12띠 명리도.

알 수 있다. 이와 같이 유추를 계속하면, 천간은 음양으로 나뉘고 또한 오행과
도 결합하여 이로써 상생상극과 길흉화복까지 예측하게 되었다. 심지어 학자
에 따라서는 천간을 만사만물의 신진대사 및 흥망성쇠의 순환과 연결하여 일

정한 규칙을 만들기도 했다. 이를테면 "출갑우갑出甲于甲, 분알우을奮軋于乙, 명병우병明炳于丙, 대성우정大盛于丁" 이런 식이었다. 한글로 풀어주면 대략 이런 뜻이다. "갑은 초목이 흙을 뚫고 나오거나 만물이 씨앗을 뚫고 싹트는 모습이다. 을은 초목이 막 생겨나 가지와 잎사귀를 부드럽게 펼치며 굽은 모습이다. 병은 작렬하는 태양과 같아 밝은 햇빛 아래 만물이 확연히 드러나는 모습이다. 정은 사람으로 말하자면 성인에 비유되니 초목이 성장하여 튼튼해진 모습이다."

이렇듯 천간은 우주만물과 긴밀히 연결되어 만사만물을 관리한다고 생각했다. 그렇다면 은상 왕조의 제왕들도 그들의 왕국을 통치하고 있으니 그들의 이름에 천간을 넣는 것은 당연한 일이 아니겠는가.

하지만 납득하기 힘든 문제가 하나 있다. 천간을 그렇게 애용했던 제왕들인지라 갑甲을 택한 자가 여섯 명, 정丁을 택한 자도 여섯 명이나 된다. 그런데 유독 천간의 마지막 계癸만은 아무도 사용하지 않았다. 이건 또 무슨 이유일까?

두 가지 측면에서 생각해볼 수 있다. 첫째는 계癸의 상징에 관한 문제이다. 천간과 오행의 배속 관계로 보면 '계'는 수水에 해당하고 음양으로 따지면 음陰이기에 결국 음수陰水이다. 음수는 곧 땅속을 흐르는 지하수라 할 수 있다. 이런 지하수는 만물을 촉촉이 적시며 윤택하게 해주지만 상나라의 '상'이 뜻하는 제천祭天의 관념과는 어긋나는 느낌이다. 어긋나면 피하는 것이 상책이기에 그들도 기피했을 것이다. 이것이 '계'를 사용하지 않은 이유 중 하나이다. 둘째는 옛사람들이 흔히 말하는 귀감龜鑑의 문제이다. 천간의 발생과 응용

9 『강감이지록』: 전설 시대부터 명나라 말까지의 역사를 기록한 강목체 통사. 청나라 때 학자 오승권 등이 강희제 연간에 편찬했다. 그 후 200여 년간 20여 차례나 간행되었고 외국어로도 번역되어 세계에 소개되었다.

에 관한 연구에 따르면, 하나라 말기부터 천간이 유
행했고 하나라 제왕 중에 이미 천간을 사용하여 이름
을 지은 이도 나타났다. 그런데 공교롭게도 하나라를
망친 군주가 걸왕桀王이었고, 그 걸왕의 이름이 계癸
였다. 이 사실은 청나라 때 오승권吳乘權 등이 편찬한
『강감이지록綱鑑易知錄』[9] 및 고염무顧炎武의 『일지록日
知錄』[10]도 밝히고 있다. 망국의 군주 이름을 누가 좋아
하겠는가. 은상 왕조의 제왕들이 유독 '계'를 기피한
이유도 여기에 있을 것이다.

고염무 초상화.

　불길한 글자를 피한다고 왕국이 영원할 수는 없다.
은상 왕조도 600여 년의 흥망성쇠를 거듭하다가 결국 쇠잔하여 신흥세력으로
대체되고 말았다. 신흥세력은 중원에서 발흥하여 서북방에서 강성해진 부족
인데 후직后稷[11]의 후예였다. 사람들은 그 부족을 주周라 칭했다.

---

10 『일지록』: 명나라 말기 청나라 초기의
　　학자였던 고염무의 대표작으로 학술적인
　　메모 형식의 저술이다. 세상의 이치를
　　밝히고 난세를 구하겠다는 취지로 집필했다.
　　내용은 광범위하여 전통적인 문사철文史哲은
　　물론이고 언어학과 함께 천문과 지리 그리고
　　법령제도까지 논술했다.

11 후직: 성은 희姬, 이름은 기棄다. 황제黃帝의
　　5대손이며 제곡帝嚳의 장자로 주나라의 시조가
　　되었다. 요 임금이 '농사農師'로 발탁했고
　　순 임금이 후직后稷에 임용했다. 후직은
　　백성들에게 농사를 가르쳤기에 농경의 시조로
　　추앙받고 있다.

제3강 = 주周 : 예법이 과하여 불화가 되다

- 공자는 주나라를 가장 흠모했다
- 주나라의 제도와 예법
- 주나라 제왕의 이름에 옥이 들어 있다?

공자는 주나라를 흠모하여 이렇게 고백했다. "문화의 융성함이여, 나는 주나라를 따르련다."[1] 또한 "극기복례克己復禮"를 외치기도 했다. 주나라의 주周는 한자의 본뜻으로 추측컨대 예법주의자들이 다스리던 왕조가 아니었을까 여겨진다. "예가 아니면 보지 말고, 예가 아니면 듣지 말고, 예가 아니면 말하지 말고, 예가 아니면 움직이지 말라"[2]는 금언을 지키려 했으니 말이다. 하지만 예법이 너무 강조되면 인간관계가 오히려 소원해지면서 위선적으로 흐르게 된다.

---

1 "郁郁乎文哉, 吾從周."

2 "非禮勿視, 非禮勿聽, 非禮勿言, 非禮勿動."

　　　　　　　　　　　　　　　주나라를 건국할 때도 앞선 왕조와 마찬가지로 글자 하나를 골라 왕국의 명칭으로 삼아야 했다. 그렇다면 그들은 왜 주周를 택했을까? 지금부터 그 이야기를 시작하도록 하자.

　　갑골문에 '주'의 글꼴이 보인다. 아래와 같다.

위 글꼴이 무엇을 뜻하는지 여러 학설이 있다. 그중 하나는 논밭에 곡식을 심은 모습이라는 것이다. 땅에 곡식을 심으려면 '밀도'를 고려하지 않을 수 없다. 그로부터 '주도면밀하다, 두루 미치다' 등의 뜻이 나왔을 것이다. 또한 이런 학설도 있다. '주'의 소전小篆 글꼴을 연구하여 나온 주장이다. 아래는 그 소전 글꼴이다.

위 글꼴에 근거하면 용用과 구口가 결합된 것이니 '말로 잘 표현하다'의 뜻이다. 이로부터 '두루 미치다'의 뜻이 나왔고, 두루 미쳤으면 빠짐없이 완비되었을 것이니 이로부터 '보편적, 주도면밀'의 뜻이 나왔을 것이란 주장이다.

학설에 따라 미세한 차이가 있긴 하겠으나 주周라는 한자에 '보편적, 주도면밀, 완비' 등의 뜻이 담겨 있음을 대개 동의하고 있다. 이는 고대 문헌의 수많은 용례로도 확인된다. 이를테면『관자管子』[3]에 이런 구절이 있다. "인불가부주人不可不周."[4] 한글로 옮기면 대략 이러하다. "군주가 된 자는 꼼꼼하고 조심하지 않을 수 없다." 여기서 '주'는 '치밀'의 뜻으로 사용된 것이다. 한편 당나라 때 작가 유종원柳宗元[5]은『봉건론封建論』에서 이렇게 주장했다. "포리성라布履星羅, 사주우천하四周于天下." 한글로 옮기면 대략 이러하다. "(제후국들이) 별처럼 촘촘히 나열하여 천하에 두루 퍼졌다." 여기서 '주'는 '두루 퍼지다'의 뜻으로 사용된 것이다.

우선 '주'의 기본 뜻으로부터 추측컨대 주나라 통치자들은 완벽주의자였을 것으로 짐작된다. 무슨 일이든 완벽하게 처리하고자 했던 것 같다. 그렇지 않다면 굳이 '주'를 국호로 삼았을 리 없기 때문이다.

한편 '주'의 초창기 글꼴이 논밭의 모습인 점을 염두에 두고 또한 중국의 역사가 농업 기반이었던 점까지 감안한다면 주나라 통치자들은 농업을 천하의 근본으로 삼으려 했던 것 같다. 그렇지 않다면 굳이 논밭의 모습을 국호로 삼았을 리 없지 않겠는가. 이는 곧 주나라 통치자들이 농업을 지극히 중시했다는 뜻이기도 하다.

하지만 위와 같은 추론은 우리가 주나라에 대해 평소 품었던 인상과는 다소 거리감이 있어 보인다. 지금으로부터 수천 년 전의 주나라에 대해 우리 대

---

3 『관자』: 진나라 이전 각 학파의 학설을 모아 편집한 책으로 내용이 단순하지 않다. 법가·유가·도가·음양가·명가名家(논리학파)는 물론이고 병법 및 농가農家의 관점도 엿보인다. 춘추 시대 관중管仲의 저술로 전해진다.

4 이 책에는 "인불가부주人不可不周"로 되어 있으나 원서를 확인하면『관자·구수九守』편에 "인주불가부주主不可不周"로 되어 있다. 이 책에서는 '주周'의 한자 뜻을 설명하는 것이기에 문제는 없다. -역주

부분은 어떤 인상을 가지고 있을까? 이제 그 당시를 기록한 중국 고전을 음미하며 주나라의 이모저모를 살펴보도록 하자.

공자는 주나라를 가장 흠모했다

'극기복례' 넉 자를 많이 들어봤을 것이다. 춘추 시대 말기 사상가이자 교육자인 공자의 주장이었다. 그는 이런 말도 한 적이 있다. "문화의 융성함이여, 나는 주나라를 따르련다." 주나라의 우아함과 세련됨을 그가 얼마나 높이 평가했고 또한 심취했는지 알 수 있다. 주나라가 얼마나 예의범절을 따졌는지는 중국 고전에 숱하게 기록되어 있다. 따라서 주나라의 특징이 무엇인지 대략 짐작하겠지만 역시 가장 두드러진 특징은 예법禮法이라 할 수 있다.

방금 언급한 주나라의 특징을 염두에 두고 '주'의 갑골문 글꼴을 다시 살펴보도록 하자. 앞서 인용했듯 논밭의 모습을 그린 것이라고 주장하는 학자도 있지만 일부 학자는 "무늬를 각인한 옥 조각"이라 주장하기도 했다. 그런 뜻은 조각彫刻이라고 할 때의 조彫6에 남아 있다. 옥 조각

공자.

---

5 유종원: 당나라 문학가 · 사상가. 당송팔대가의 한 명이다. 흔히 유하동柳河東 혹은 하동선생河東先生이라 불린다. 유주柳州 자사刺史를 끝으로 관직에서 은퇴했기에 유유주柳州로 칭하기도 한다.

6 이 책에서는 조雕로 되어 있으나 조彫와 같은 뜻이다. 우리는 조彫를 많이 사용하기에 편의상 바꿔 썼다. 조각彫刻이나 조각雕刻이나 같은 뜻이다. -역주

에 두루 각인된 무늬가 촘촘히 새겨졌기에 그로부터 '조밀하다, 세심하다, 보편적이다, 두루 미치다' 등의 뜻이 파생되었다는 것이다.

이 학설이 성립된다면 옥 조각과 주나라의 대표적 특징인 예법 사이에는 어떤 연관성이 있을까? 이제 그 문제를 살펴보도록 하자.

주나라의 제도와 예법

우선 중국의 옥 문화에 대해 언급할 필요가 있다. 그간 진행된 고고학적 발굴에 따르면, 중국의 옥 문화 가운데 가장 유명한 것은 흥륭와興隆窪 문화, 홍산紅山 문화, 양저良渚 문화 등이다. 흥륭와 문화는 약 8000여 년 전이며, 나머지는 약 6000여 년 전으로 추정된다. 이 유적지에서 정교한 옥기玉器가 대량 출토된 것으로 보아 그 당시 중국인들의 공예 및 문화 수준을 충분히 엿볼 수 있다.

일반 백성에게 옥기는 물론 도장과 같은 실용품도 있겠지만 대개는 보석이나 장식품에 불과할 것이다. 그러나 왕국의 입장에서 옥기는 예식禮式을 진행할 때 사용되는 지극히 중요한 용기, 즉 예기禮器가 된다. 여기서 말하는 예식의 예禮는 그저 '예의범절'의 예절만이 아니고 예법禮法이라고 할 때의 그 법法까지 포함하는 상당히 넓은 개념이다. 말하자면 주나라의 '예'는 일종의 제도이며 주나라의 체제를 상징하는 것이었다. 그렇기에 옥새玉璽는 제왕을 대표하거나 제왕을 상징했다.

아닌 게 아니라 출토된 주나라 옥기는 대부분 왕실용
이었다. 게다가『주례ㆍ춘관春官ㆍ대종백大宗伯』에 이런
기록이 있다. "옥으로 여섯 개의 상서로운 옥기를 만들
어 제후국들이 계급을 지켜 위반함이 없도록 했다. 왕王
은 진규鎭圭를 쥐어 사방을 안정시키고, 공公은 환규桓圭
를 쥐어 군왕을 보위하고, 후侯는 신규信圭를 쥐고 백伯은
궁규躬圭를 쥐고 근신하며 자신을 보호하고, 자子는 곡규
穀圭를 쥐고 남男은 포벽蒲璧을 쥐고 백성을 편안하게 해
준다."[7] 이것은 일종의 예법이자 제도였다. 따라서 신분
에 따라 소지하는 옥기에 차이가 있었다. 그뿐이 아니었
다. 그 옥기를 장식하는 액세서리에도 규정에 따른 차이
가 있었다. 이를테면『주례ㆍ춘관ㆍ전서典瑞』에 이런 기
록이 있다. "왕의 진규를 장식하는 액세서리는 다섯 가
지 색깔로 다섯 개 원을 두르고, 그 밖의 공ㆍ후ㆍ백의 장
식물에는 세 가지 색깔로 세 개 원을 두른다."[8] 이것 하나
만 봐도 예법에 따라 우아하게 규정한 계급의 관념 및 계
급 사회의 모습이 확연하지 않은가? 공자의 그 유명한 말
"군군신신君君臣臣, 부부자자父父子子" 즉 군왕은 군왕답고
신하는 신하답고 아비는 아비답고 자식은 자식답다는 이

홍산紅山 문화 옥기.

양저良渚 문화 옥기.

흥륭와興隆窪 문화 옥기.

---

7 "以玉作六瑞, 以等邦國. 王執鎭圭. 公執桓圭. 侯執信
圭, 伯執躬圭. 子執穀璧, 男執蒲璧."

8 "王晉大圭, 執鎭圭, 繅藉五采五就, 以朝日. 公執桓圭,
侯執信圭, 伯執躬圭, 繅皆三采三就."

창색蒼色의 벽옥璧玉.

황색의 종옥琮玉.

녹색의 규옥圭玉.

말의 뿌리는 바로 주나라의 예법 제도에 있었던 것이다.

이와 같은 예법이 우리 눈에 상당히 번잡스러워 보이지만 실은 빙산의 일각이었다. 귀족이라 하더라도 등급에 따라 각기 다른 옥기로 신분을 구별하듯 귀신도 등급에 따라 각기 다른 예기禮器로 제사를 지냈던 것이다. 『주례』의 다음 내용을 읽어보도록 하자. "옥으로 여섯 개 그릇을 만들어 천지사방에 예를 올렸다. 창색蒼色의 벽옥璧玉으로 하늘에 예를 올리고, 황색의 종옥琮玉으로 땅에 예를 올리고, 녹색의 규옥圭玉으로 동쪽에 예를 올리고, 적색의 장옥璋玉으로 남쪽에 예를 올리고, 백색의 호옥琥玉으로 서쪽에 예를 올리고, 흑색의 황옥璜玉으로 북쪽에 예를 올린다."[9]

제사를 지낼 때 사용하는 예기에 대해 하늘과 땅 그리고 동서남북에 따라 각기 다른 규격의 용기를 명확히 규정하고 있다. 게다가 유심히 살펴보면 음양오행설에 따라 오행을 다섯 방위에 맞추고, 아울러 다섯 방위를 다섯 색깔에 맞추었음을 알 수 있다. 오행에서 땅은 토土에 해당하고 중앙에 위치하며

---

9 "以玉作六器, 以禮天地四方. 以蒼璧禮天, 以黃琮禮地,
　以靑圭禮東方, 以赤璋禮南方, 以白琥禮西方, 以玄
　璜禮北方."

적색의 장옥璋玉.

백색의 호옥琥玉.

흑색의 황옥璜玉.

해당색은 황색이다. 그러므로 토지신에게 제사를 올릴 때는 황색의 종옥을 택했던 것이다.

　물론 이 밖에도 많다. 춘하추동에 따라 종묘[10]에서 제사를 지냈는데 그때마다 '육준六尊'[11]과 '육이六彝'의 예법이 있었다. '준'과 '이'는 각기 다른 들짐승이나 날짐승 혹은 기타 사물의 모습을 본떠 만든 술그릇이므로 이른바 주기酒器라 하는데, 이것도 엄격한 규정에 따라 신중히 사용해야만 했다.

　예의범절에 사용되는 다양한 용기를 이처럼 까다롭게 규정함에 너무 심한 것이 아니냐 하겠지만 주나라 통치자들은 오히려 즐겼던 것으로 보인다. 그런 탓인지 주나라 제왕의 이름에는 예기 제작의 주요 재료였던 '옥' 자가 종종 등장하기도 한다.

서주西周 시대 '사거방이師遽方彝'.

---

10 종묘: 종묘 제도는 조상 숭배의 산물이다. 죽은 이의 혼령이 기거하도록 마련한 건축물을 종묘라 한다. 역대 제왕의 위패를 모시고 제사를 봉행하는 곳이기도 하다.

11 '육준六尊'의 준尊은 '술통-준樽'의 뜻이기에 '준'으로 읽어준다. -역주

주나라 제왕의 이름에 옥이 들어 있다?

주나라 통치자의 이름에 '옥'이 들어 있는 제왕은 총 세 명이었다. 순서대로 희하姬瑕, 희반姬班, 희유姬瑜가 그들이다. 이들은 중국 역사상 '옥'의 부수자部首字로 명명한 최초의 제왕들이라 할 수 있다. 그래서 그런지 현대 중국인의 이름에도 '옥'의 부수자가 무척 많이 보인다.

하瑕와 유瑜 중에 '유'는 현대 중국인의 이름에 특히 많이 보인다. 게다가 중국 역사상 유명인사 중에 이 '유'를 사용한 자가 있는데 기억나시는지? 삼국시대 그 유명한 주유周瑜(주공근周公瑾)를 모를 리 없을 것이다. 적벽대전 당시의 모습을 송나라 때 대문호 소동파는 이렇게 묘사했다. "당시 주유를 그려본다. 미인 소교 막 시집왔기에, 주유의 모습 더욱 늠름하였지. 새 깃 부채 흔들며 두건 쓴 차림으로 한적하게 웃는 사이, 막강한 조조의 해군은 재처럼 연기처럼 사라졌었지."[12] 또한 색동옷을 입고 재롱을 피우며 늙은 부모를 즐겁게 해드려 효자의 모범이 되었던 노래자老萊子, 그의 이름은 한백유韓伯瑜였다. 사실상 '유'의 뜻 자체도 무척 좋다. '아름다운 옥'의 일종이기도 하고 또한 '옥의 아름다운 빛깔'을 뜻하기 때문이다. 그러므로 주나라 제왕이 이 옥으로 이름을 지은 것은 충분히 이해할 만하다.

하지만 '하瑕'까지 이름에 들어간 것은 선뜻 이해하기 힘들다. 이 '하'가 들어간 단어 중에 가장 먼저 떠오르는 것은 하자瑕疵가 아니겠는가. '하자'란 아름다운 옥에 티처럼 있는 반점을 가리킨다. '백벽미하白璧微瑕'[13]라든가 '하불엄

---

12 "遙想公瑾當年, 小喬初嫁了, 雄姿英發, 羽扇綸巾, 談笑間, 強虜灰飛煙滅, (중략)"

13 '백벽미하'란 흰 구슬에 있는 작은 흠, 훌륭한 사람에게 있는 약간의 결점을 비유하는 말이다. -역주

유瑕不掩瑜'[14]와 같은 성어에도 사용되고 있다. 그다지 좋은 뜻은 아니기에 일반인도 선호할 리가 없는데 하물며 제왕이 선택했다는 사실이 놀랍다. 주나라 제왕은 왜 이런 글자를 이름으로 삼았을까? 깊은 뜻이라도 담겨 있는 것일까?

주유周瑜.

그런데 사람들이 이름을 지을 때 무조건 좋은 의미의 글자만 택하는 것은 아니었다. 나쁜 의미의 글자를 일부러 넣는 경우도 적지 않았다. 다만 그런 나쁜 의미의 글자를 단독으로 사용한 예는 드물고 대부분 그 나쁜 뜻을 상쇄하는 다른 글자를 함께 넣었다. 예를 들어 한나라 때 명장 곽거병郭去病, 송나라 때 명작가 신기질辛棄疾 등이 그러하다. 거병이란 병을 제거한다는 뜻이고, 기질은 질환을 버린다는 뜻이기에 그렇다. 따라서 '하'를 이름으로 사용했다면 짐작건대 없을-무無를 앞에 넣어 '무하' 정도로 짓지 않았을까. 하지만 확인해보면 외자 이름이었다. 성은 희姬, 이름은 하瑕, '희하'였다. 왜 그랬을까?

고전 자서字書를 찾아보면 '하'에 '하자'의 뜻만 있는 것이 아니라 '홍색의 옥'을 가리키기도 했다. 홍옥紅玉의 뜻으로 사용되기도 했던 것이다. 이를테면 『소명문선昭明文選』[15]에 수록된 작품 중에 이런 구절이 있다. "적하박락

---

14 '하불엄유'에서 '엄掩'은 엄掩으로 쓴다. 일부분의 흠결이 전체를 덮지 못한다. 단점이 장점을 덮지 못하는 것이니 장단점이 다 있지만 그래도 장점이 더 많다는 뜻. -역주

15 『소명문선』: 중국 최초의 시문집. 남북조 시대 남조 양梁나라, 양 무제의 큰아들 소통簫統이 문인들을 소집하여 함께 편찬했다. 소통이 죽은 뒤 내린 시호가 소명昭明이었기에 그가 주도한 시문집을 『소명문선』이라 부른다.

赤瑕駁犖, 잡삽기간雜㕧其間." 한글로 옮기면 대략 "홍옥이 뒤섞여 사이사이에 아롱지고" 이런 뜻이다. 한나라 때 장형張衡[16]의 『칠변七辨』[17]에도 이런 구절이 보인다. "수명월지조요收明月之照耀, 완적하지린빈玩赤瑕之璘㻞." 한글로 옮기면 대략 "명월의 달빛을 거두고 홍옥의 알록달록한 광채를 즐긴다" 정도의 뜻이다. 게다가 전설의 '적하궁赤瑕宮'도 있는데, 이는 옥황상제가 신선으로 임명한 영허진인靈虛眞人의 저택 이름이었다. 또한 그곳은 『홍루몽』의 가보옥賈寶玉과 임대옥林黛玉이 전생에 인연을 맺은 곳이 아니겠는가. 그렇다면 주나라 제왕이 '하'를 이름으로 삼았던 이유도 이제 충분히 이해할 수 있을 것이다. 후세 사람들의 오해는 실로 무지의 소치였다.

제왕들이 자신의 이름이나 왕조의 명칭에 아무리 아름답고 멋지고 훌륭한 뜻을 담았다 하더라도 역사의 흥망성쇠는 피해갈 수 없었던 모양이다. 특히 주나라 예법, 흔히 '번문욕례繁文縟禮'라 할 정도로 번잡한 그런 예식은 『예기』가 경고했듯 "예승즉리禮勝則離"가 되고 말았다. "예법이 너무 과하면 불화不和하고 반목反目한다"는 뜻이니 결코 빈말이 아니었던 것이다.

중국 역사상 가장 오래 존속했던 주나라의 천자도 춘추전국 시대로 접어들자 허수아비가 되고 말았다. 춘추오패春秋五霸 전국칠웅戰國七雄이 패권을 주고받으며 자웅을 겨루던 춘추전국 시대, 서북방 변두리의 진나라가 착실히 국력을 다져 강국으로 부상했고 마침내 중국을 통일했다. 진시황제의 그 '진秦'은 무슨 뜻일까? 진나라는 과연 어떻게 강대국으로 부상하여 중국까지 통일했을까? 그 이야기는 다음 장에서 이어가도록 하자.

---

16 장형: 다재다능하고 박학다식했던 동한 때 인물. 천문학자·수학자·발명가·지리학자였으며 또한 동시에 문학가였다.

17 『칠변』: 동한 때 장형의 변려체 작품. 은자隱者 무위선생無爲先生 및 그를 정계로 불러내려는 허연자虛然子 등 7명의 가공인물을 통해 저자 장형이 은둔 생활을 마치고 세상에 나오게 되는 이야기를 그렸다.

제4강 = 진秦∶국가 발전의 기틀

— 그 유명한 진시황
— 진秦은 농사와 관계있다
— 진나라 국책의 심원한 영향
— '진'과 China
— '진'과 관련된 고사성어

진秦의 초창기 본뜻은 '작물을 심기에 적합한 땅'이었다. 이런 한자를 왕조의 명칭으로 삼
았다는 점으로 보건대, 진나라가 얼마나 농업을 중시하고 또한 풍부한 식량자원에 자부심
을 가졌는지 알 수 있다. 주나라 시절 서북방 변두리에 위치한 별 볼 일 없는 일개 제후국
이 훗날 전국을 통일하여 대제국을 건설한 것도 그 바탕에는 진나라 역대 통치자들이 잊
지 않았던 건국의 기틀 '경전耕戰' 두 글자에 있었다. '경전'이란 농경農耕과 전쟁戰爭의 준말
이다.

진시황의 진나라는 중국 역사상 최초의 중앙집권 통일왕조였
다. 진나라는 무슨 연유로 '진秦'을 국호로 정했을까?

　진나라를 언급하면 이야깃거리가 참으로 많다. 진시황 하나만 논해도 중국
역사상 세 손가락 안에 드는 제왕이 아닐까 싶다. 모택동이 「심원춘沁園春 · 설
雪」에서 이렇게 읊은 적이 있다. "아쉽게도 진시황과 한무제는 글재주가 조금
딸렸고."1 얼핏 보면 살짝 누른 듯도 하지만 실은 진시황의 역사적인 위치를
인정한 것이다.

모택동의 서예 작품 「심원춘 · 설」.

그 유명한 진시황

　역사 기록에 따르면 진시황은 기원전 230년 한韓나라를 필두로 동쪽 여섯

---

1 "惜秦皇漢武, 略輸文采."

제후국을 공략하기 시작하여 기원전 221년 불과 10년 만에 전국을 통일했다. 초楚나라를 멸했던 전쟁은 거의 2년을 끌었는데 그 당시 진나라 군대가 소모한 군량미는 지금의 단위로 계산하여 대략 5억 킬로그램에 달했다. 거의 천문학적인 숫자가 아닐 수 없다. 그렇다면 그 당시 단위당 수확량은 어떠했을까? 바꿔 말하면 농경지가 얼마나 필요하며 몇 년 농사를 지어야만 그 정도의 군량미를 생산할 수 있을까?

춘추전국 시대 농경지 단위는 '무畝'를 사용했다. 이것이 얼마나 넓은 면적인지는 학자들의 의견이 일치하지 않는다. 그러므로 여기서는 일단 평균으로 잡고 아울러 약간 후하게 계산해보도록 하자. 우선 1무당 2석石을 수확한다고 보자. 그 근거는 다음과 같다. 1972년 산동성 임기臨沂에서 서한 시대 유물이 다수 출토되었다. 그중 은작산銀雀山 죽서竹書[2]의 『전법田法』에 이런 내용이 있다. "추수, 중간급 농지는 '무'당 20말을 거두는데 평년작이다. 상급 농지에서는 27말, 하급 농지에서는 13말을 거둔다."[3] 당시 20말은 2석인데 지금 단위로 대략 60킬로그램이 조금 안 될 것이다.

그렇다면 당시 진나라 농경지는 얼마나 될까? 당시 진나라는 매년 전쟁이 있었기에 국토 면적이 일정하지 않았다. 이것도 평균적으로 계산하면 대략 50만 평방킬로미터 정도였다. 여기서 다시 『상군서商君書[4]·산지算地』의 다음 내용을 참고하자. "과거에 군주가 국가를 통치하며 사용했던 토지의 비례는 산과 숲이 국토의 10분의 1, 늪지대가 10분의 1, 골짜기와 하천이 10분의 1, 도시와 도로가 10분의 4를 차지했다(10분의 4는 10분의 1의 오류)."[5] 이렇게 본다면 산과

---

2 은작산 죽서: 1972년 산동성 임기 은작산 소재 한나라 묘지에서 발견된 죽간竹簡. 「수법守法」, 「수령守令」 등 13편의 글이 쓰여 있었는데, 이를 학계는 '은작산 죽서'로 명명했다.

3 "歲收, 中田小畝畝二十斗, 中歲也. 上田畝二十七斗, 下田畝十三斗."

4 『상군서』: 전국 시대 법가 사상의 대표작 중 하나. 개혁의 이론적 기초와 함께 몇 가지 개혁 원칙을 제시했다. 지금 읽어도 참고할 만한 점이 있다.

5 "故爲國任地者, 山林居什一, 藪澤居什一, 谿谷流水居什一, 都邑蹊道居什四." (이 책에서는 마지막 구절의 四는 一의 오자로 보았음. -역주)

숲, 늪지대, 골짜기와 하천, 도시와 도로를 제외한 나머지는 농경지로서 전체 국토의 60퍼센트 정도일 것이다. 앞서 국토 총면적이 50만 평방킬로미터라 했으므로 그 60퍼센트는 30만 평방킬로미터가 된다. 농경지 면적을 '무' 단위로 바꾸면 대략 4.5억 무가 될 것이다. 그러나 이 결과는 이상적인 셈법이고 실제 농경지는 이보다 적을 것이다. 왜냐하면 현재 중국의 경작지는 전체 국토의 15퍼센트에 불과하기 때문이다. 게다가 한나라 때 경작지 면적도 전체 국토의 10퍼센트에 불과했다. 그러니 역대 평균치로 계산하면 진나라 농경지 면적은 잘해야 1억 무 정도라고 할 수 있다.

진시황.

이와 함께 『한서漢書[6]·식화지食貨志』 다음 내용을 확인하도록 하자. "100무의 경작지에 농사를 지어 1무당 1.5석을 거두면 총 150석을 수확하는데, 여기서 10분의 1의 세금을 떼어야 하니 15석이 나간다."[7] 한편 동한 시대 순열荀悅도 『한기漢紀』[8]에서 이렇게 기록했다. "옛날에는 10분의 1의 세금을 냈으니 세상에서 가장 공정한 세율로 보았다."[9] 따라서 농업 세율은 총생산량의 10퍼센트 정도인 것을 알 수 있다. 그렇다면 1억 무의 경작지에서 수확하는 총생산량의 10퍼센트, 곧 1000만 무의 생산량이 세

---

6 『한서』: 중국 최초의 기전체 단대사斷代史. 단대사란 한 왕조에 한정하여 쓴 역사. 동한 시대 역사가 반고班固가 편찬했다. 중국 역대 정사 24사 중 하나다.

7 "治田百畝, 歲收畝一石半, 爲粟百五十石, 除什一之稅 十五石."

8 『한기』: 중국 최초의 편년체 단대사 형식의 역사서. 모두 30권으로 18만여 자이다. 동한 시대 순열이 편찬했다.

9 "古者什一而稅, 以爲天下之中正也."

금으로 징수되어 국고로 들어가는 것이다. 1무당 1.5석의 수확량이므로 징수 양곡은 1500만 석이 된다. 2석이 현재의 60킬로그램 미만이라 했으므로 1석을 약 30킬로그램으로 본다면 1500만 석×30킬로그램=4억 5000만 킬로그램 정도가 된다. 이것은 평균치인데 풍년이 들어 수확량이 높아진 것으로 넉넉하게 계산하면 최대 6억 킬로그램까지 된다고 보자. 앞에서 초나라와 벌인 전쟁에 소모된 진나라 군량미만 해도 5억 킬로그램에 달한다고 했다. 초나라와 벌인 전쟁에서 군량미 항목 하나만 계산해도 국가의 1년 농업세 전체를 탕진하게 되는 것인데, 이것도 아주 보수적으로 계산하여 그렇다. 하지만 전쟁이란 식량만 필요한 것이 아니잖은가. 따라서 기타 각 방면의 수요를 고려한다면 진시황이 전국을 통일하고자 얼마나 국력을 소모했는지 짐작될 것이다. 바로 그렇기에 진시황은 전국을 통일하자 그토록 득의양양했고 기고만장했던 것이다.

민간전설에 따르면, 진시황은 문무백관을 소집하여 통일제국의 국호를 논의토록 명했다. '秦(진)'이란 글자를 당시에는 '桼(금)'으로 표기했는데, 진시황은 이를 몹시 못마땅하게 생각했다. 두 명의 왕이 자리에 앉아 있는 모습이기 때문이다. 어느 누구도 안중에 없었던 진시황에게 그런 글꼴이 마음에 들겠는가. 문무백관은 머리를 쥐어짜다가 마침내 이렇게 건의를 올리게 되었다. "대왕의 업적은 전무후무하여 역사에 길이 남을 것입니다. 역사책의 최고봉은 공자의 『춘추春秋』이니 '春(춘)'과 '秋(추)'의 반씩을 떼어내 '秦(진)'을 만들어 국호로 삼는다면 『춘추』에 기록된 제왕들의 총 업적을 대왕 혼자 이루셨음이 아니겠는지요." 이에 진시황은 흡족하여 즉시 국호로 삼게 했다는 것이다.

10 조아비: 동한 시대 탁상度尙이
조아曹娥의 효성을 널리 칭송하고자 제자
한단순邯鄲淳에게 비문을 적도록 하였다.
한단순은 바로 붓을 들어 비문을 써내려갔고,
비문의 내용은 더없이 훌륭하였다. 비문의
뒷면에 채옹이 촌평했는데 여덟 자 "黃絹, 幼婦,
外孫, 齏臼"였다. 절묘호사絶妙好辭의 은어였다.

이처럼 한자를 쪼개고 조합하는 놀이는 전통적으로 꽤 오래된 문자 유희였다. 한자에 관심이 많은 독자라면 '조아비曹娥碑'[10]를 알 것이다. 이 비문의 뒷면에 있다는 촌평은 이러하다. "黃絹(황견), 幼婦(유부), 外孫(외손), 齏臼(제구)." 이 촌평은 채문희蔡文姬의 아버지 채옹蔡邕[11]이 비문의 아름다움에 감동하여 그 느낌을 적은 것으로 전해진다. 얼핏 봐서는 알쏭달쏭한 내용이지만 답안을 알고 나면 실소할 수도 있다. '절묘호사絶妙好辭'의 은어였다. 황견黃絹이란 색깔[色]이 있는 실[糸]이니 그 두 자를 합하면 '절絶'이다. 유부幼婦란 젊은[少] 여자[女]이니 그 두 자를 합하면 '묘妙'가 된다. 외손外孫이란 딸[女]의 아들[子]이니 합하면 '호好'가 된다. 제구齏臼의 제齏는 마늘이나 파 등을 다지는 절구[臼]이니 매운 것[辛]을 받아들이는[受] 용기이다. 현재 우리가 사용하는 '말-사辭'의 옛 글꼴 중에 이체자異體字[12]가 여럿 있는데 그중에 하나가 사辤이다. 따라서 '절묘호사'란 '더 없이 훌륭한 문장'이란 뜻이다.

춘春의 윗부분과 추秋의 왼쪽 부분을 뽑아 맞추어 진秦을 만들었다는 것은 '한자 맞추기' 게임에서 이합법離合法에 속한다. 일부를 분리分離하여 새로운 글자로 조합組合했기 때문이다. 예를 들어 다음 문제를 낸다고 하자. "절

현재 볼 수 있는 조아비曹娥碑는 송나라 때 왕안석王安石의 사위였던 채변蔡卞이 다시 쓴 것이다.

11 채옹: 동한 시대 저명한 문학가·서예가이며, 그의 딸이 중국 고전문학사에서 여류 작가로 이름이 높은 채문희다. 벼슬을 좌중랑장左中郞將까지 역임했기에 후세 사람들은 '채중랑'이라 부른다.

12 독음과 뜻은 같으나 글꼴이 다른 한자를 일컬어 이체자異體字라 한다. 세계 최대 이체자 사이트를 참고. http://dict.variants.moe.edu.tw/, http://chardb.iis.sinica.edu.tw/. -역주

반은 주고, 절반은 남겼다." 무슨 글자일까? 이 문제의 중국어는 이러하다. "給一半, 留一半(급일반, 유일반)." 어떻게 풀어야 할까? 급給의 우측 절반을 주면 사糸가 남고, 유留의 아래 절반을 남기면 전田이 남는다. 남은 사糸와 전田을 조합하면 어떤 글자가 되겠는가? '가늘-세細'가 답안이다.

앞서 소개한 민간전설은 제법 그럴 듯해 보이긴 하지만 실은 진시황에 대한 후세 사람들의 인상이 하나둘씩 조합되어 날조된 이야기다. 그 허구성은 핵심 근거인 금琹만 따져도 드러난다. 실은 진시황 당시에 금琹이란 한자 자체가 없었기 때문이다. 금琹은 한참 뒤 송나라 때 비로소 등장하며 진秦과도 전혀 관계가 없는 글꼴이다. 금琹은 '거문고-금琴'의 속자였다. 속자란 민간에서 편하게 쓰던 글꼴이다. 한편 금琹의 상단에 나란히 있는 왕王처럼 보이는 것도 실은 거문고의 줄을 그린 것이었다. 게다가 금琹의 용례도 무척 드물다. 북송시대 태평천국 연간의 지리서『태평환우기太平寰宇記[13] · 서역西域 · 대진국大秦國』에 이런 내용이 있다. "그 궁전은 거문고와 가야금으로 기둥을 만들었고, 황금으로 바닥을 깔았으며, 상아로 문틀을 만들고, 향목으로 용마루와 대들보를 만들었다."[14] 여기서 '거문고'에 해당하는 글자에 금琹을 사용했지만, 그 밖의 서적에서는 찾기 힘든 글자다. 물론 서예나 전각 작품에는 종종 등장한다. 청나라 말기 자사호紫砂壺의 명인 소대형邵大亨[15]이 철구호掇球壺[16]를 창작했는데, 거기에 각인된 글귀 중에 하나는 이러하다. "棋酒有時着酌, 琹書無事彈談(기주유시착작, 금서무사탄담)." 한글로 옮기면 대략 이런 뜻이다. "시간이 나면 바둑도 두고 술도 한 잔 걸치겠고, 일이 없으면 거문고를 뜯고 서예도 논하리니." 여

13 『태평환우기』: 송나라 시기의 강역을 기록한 지리서. 낙사樂史가 200권으로 편찬했다. 『원화군현지元和郡縣志』 이후 지금까지 온전하게 남아 있는 가장 오래된 지리서다.

14 "其殿以琹瑟爲柱, 黃金爲地, 象牙爲門扇, 香木爲棟梁."

기서도 거문고를 琴(금)으로 표기했다. 알다시피 진시황 시절에 한자의 글꼴은 이미 소전小篆으로 통일되었다. 소전 글꼴에서 찾아보면 춘春과 진秦의 모양은 아래와 같다.

춘春   진秦

굳이 자세하게 글꼴을 분석할 필요도 없다. 춘春의 상단과 진秦의 상단은 전혀 비슷하지 않다. 그러므로 춘으로부터 진을 만들었다는 이야기는 그저 재미있게 지어낸 민간전설이었을 따름이다.

이제부터는 '진'이란 글자 자체를 가지고 진나라가 '진'을 국호로 정한 데에는 무슨 의미가 담겨 있는지 살펴보도록 하자. 우선 진이 봉읍지에서 유래했다는 점은 의심의 여지가 없다. 말하자면 지명에서 유래되었다는 것이다. 그렇다면 그 지역에 어떻게 봉해졌을까?

진秦은 농사와 관계있다

진시황의 성은 영嬴으로 조趙씨에 속했다.[17] 시조는 황제黃帝의 큰아들 소호

---

15 소대형: 청나라 도광道光 함풍咸豊 연간에 활동했던 강소성 의흥宜興 다호茶壺 제작의 명인. 남경 박물관에 소장된 '일곤죽호一捆竹壺'를 비롯하여 '어화룡호魚化龍壺', '철구호掇球壺' 및 '풍권규호風卷葵壺' 등을 특히 희세의 명품으로 꼽는다.

16 몸통, 마개, 손잡이, 주둥이 등이 모두 구슬처럼 둥근 모습의 다호茶壺. -역주

17 최초의 부락에 살던 사람들을 표시한 것이 성姓이고, 분가하여 새롭게 마을을 이룬 사람들을 씨氏라 했다. 그러므로 성은 혈통을 표시하고, 씨는 분가하여 정착한 거주지를 표시한 것이다. -역주

少昊[18]로 전해진다. 선조 중 유명한 인물로 백익伯益이 있다. 대우大禹가 백익에게 왕위를 선양했으나 대우의 아들 하계夏啓가 반발하여 왕위를 가로채고 백익을 살해했다는 이야기는 앞 장 하나라에서 언급한 바 있다. 순 임금 시절 백익은 생전에 동물을 순화시키고 말을 키웠는데 그 솜씨가 탁월했다. 백익의 후손으로 진비자秦非子가 있었다. 진비자는 기원전 900년경 주나라 효왕孝王의 명으로 감숙성 일대에서 말을 키웠는데 어찌나 재주가 좋은지 대신들의 칭찬이 자자하자 효왕은 그 공로를 인정하여 위수渭水 서쪽의 진秦이라 이름 붙인 수십 리 땅을 하사하여 봉했다. 바로 그곳이 훗날 진나라의 발상지가 되었던 것이다.

중국어나 한자에 조예가 있는 분은 '경위분명涇渭分明' 넉 자를 아실 것이다. 이 성어 중 '위'가 곧 '위수'를 가리킨다. 위수는 황하의 가장 큰 지류로서 중국 문명의 요람이었다. 위수는 감숙성 동부에서 발원하여 진나라를 거쳐 황하로 흘러들어간다. 위수가 황하로 진입하기 전까지 동서 팔백 리 충적평야를 관통한다. 진나라를 통과하는 팔백 리 하천이란 뜻에서 이 평야를 '팔백 리 진천秦川'이라 부른다. 이 '팔백 리 진천'이 곧 중국 4대 평야의 하나인 관중關中 평야인 것이다. 따라서 '진천'이라 하면 곧 '관중 평야'로 알면 된다. 진천의 동쪽으로는 함곡관函谷關, 서쪽으로는 산관散關, 남쪽으로는 무관武關, 북쪽으로는 금쇄관金鎖關이 있다. 사방으로 천연 장벽이 있는 것이다. 그러므로 『전국책』[19]도 "네 곳의 요새로 공고하다"[20]고 했던 것이다. 관중이란 명칭도 사방 네 곳의 관문으로 둘러싸인 가운데 지역에서 유래되었음은 물론이다.

---

18 소호: 전설상 황제黃帝의 아들이며 궁상窮桑(지금의 산동성 곡부 북방)에서 태어났다. 중국의 성씨 중에 영嬴을 비롯하여 진秦·서徐·황黃·강江·이李 등 수백 개 성씨의 시조로 알려졌다.

19 『전국책』: 중국 사학 명저의 하나로 전국 시대 책사策士들의 언행을 기록한 서적이다. 책사를 흔히 종횡가縱橫家라 부른다. 종횡가들이 각

제후국을 오가며 종횡무진 권모술수를 펼치는 내용이다.

20 "四塞以爲固."

예로부터 관중 지역은 천혜의 지리적 위치와 환경을 자랑했다. 『사기史記 · 화식열전貨殖列傳』에 이런 내용이 있다. "관중은 병현洴縣 및 옹현雍縣으로부터 동쪽으로 황하 및 화산까지 기름진 옥답이 천 리나 된다. 순 임금 시절부터 하나라까지 토지 등급을 상급으로 평가하여 세금을 부과했다."[21] 또한 반고班固[22]의 「서도부西都賦」와 장형張衡의 「서경부西京賦」도 "기름진 들판에 넓게 펼쳐져 전답의 등급이 상상上上"[23]이라느니 "전국에서 가장 비옥한 토지"[24] 등으로 묘사했다. 이상의 기록이나 묘사로 봐도 진나라 근거지는 토지가 비옥하고 수자원도 풍부했음을 알 수 있다. 경작하는 데 천혜의 조건이었음이 틀림없다.

원진궤洹秦簋에 각인된 진秦 글꼴.

이제 본격적으로 진秦의 글꼴을 분석하기로 하자. '진'의 갑골문 글꼴은 아래와 같다.

「설문해자」 화禾 부수에 수록된 진秦 글꼴.

글꼴의 상단은 양손으로 공이 비슷한 농기구를 잡고 있는 모습이며, 하단은 '벼-화禾'가 두 개 나란히 있다. 양손으로 공이를 쥐고 있다는 것은 곡물을 찧어 껍질을 벗

---

21 "關中自洴雍以東至河華, 膏壤沃野千里, 自虞夏之貢以爲上田."

22 반고: 동한 시대 역사가. 유학자 집안에서 태어나 어려서부터 다양한 서적을 두루 읽어 박식했다. 『한서漢書』를 편찬했으며 대흉노 정벌에 출전하여 승리를 거두기도 했다. 문학적으로도 유명하여 「서도부西都賦」, 「답빈희答賓戲」, 「유통부幽通賦」 등을 지었다.

23 "廣衍沃野, 厥田上上."

24 "九州之上腴."

기는 따위로 농작물을 가공하는 행위일 것이다. 그렇다면 그 밑에 있는 두 개의 벼는 바로 그 농작물 자체를 표시한 것이 분명하다. 따라서 상단과 하단을 합치면 무슨 뜻이 되겠는가? 벼를 가공하는 모습이니 그런 벼를 심고 가꾸기에 적합하다는 뜻이 아니겠는가. 중국 최초의 자전 『설문해자』가 '진'을 어떻게 해석했는지 확인하자. "진은 백익의 후예가 나라를 세운 곳으로 쌀농사에 적합했다."[25] '진'은 백익의 후손에게 봉해진 지역이었고 또한 그 지역은 농경에 알맞은 땅이었다는 것이다.

그런데 '진'의 갑골문 글꼴은 현재 글꼴과 비교하면 하단의 '벼-화禾'가 하나 더 붙어 있다. 화禾가 나란히 붙어 있는 한자가 있을까? 그것은 '나무 성글-역秝'이다.[26]

한자의 구성 원리는 비교적 단순하다. 같은 글자가 겹치면 그것이 많다는 뜻이다. '나무-목木'이 두 개 겹치면 '수풀-림林'이다. 나무가 많은 곳이다. 그렇다면 화禾가 둘이라면 무슨 뜻이겠는가? 벼는 일년생 초목이므로 벼를 잘 심고 길러 쌀의 수확량이 많다는 뜻으로 봐야 할 것이다. 벼가 잘 크려면 마구 빽빽하게 심는다고 능사가 아니라 적당히 거리를 두고 성기게 심어야 한다. 진秦의 초창기 의미를 '농경에 적합한 땅'이라거나 '농작물 사이의 적당한 거리' 등으로 보는 것도 이런 이유 때문이다.

이상을 통해 '진'이란 한자는 '농작물을 키우기 적합(한 땅)'의 뜻임을 확실히 알 수 있다. 진나라 통치자들도 이런 사실에 자부심을 가졌을 것이다. 게다가 부국강병을 추구하려면 농업을 중시하지 않을 수 없었다. 이 점은 진나라

---

25 "秦, 伯益之後所封國, 地宜禾."

26 다음 부분은 번역을 생략했다. "독음은 참립站立의 입立과 동일하다." 입立의 현대 중국어 독음은 li이다. 역秝의 현대 중국어 독음도 li이므로 입立과 같다고 한 것이다. 그러나 현대 한글 독음은 서로 다르므로 여기서는 번역을 생략했다. -역주

27 진나라 효공: 전국 시대 진나라 군왕. 상앙을 중용하여 개혁에 착수했다. 권력을 중앙으로 집중하면서 농업생산을 독려하여 훗날 진시황의 통일에 기틀을 마련했다.

의 토지 제도를 확인하면 분명해진다. 진나라 효공孝公[27] 당시 '상앙 변법商鞅變法'이라 하여 상앙의 주도로 진행된 개혁이 있었다.[28] 상앙이 진나라의 기본 국책으로 추진했던 정책의 핵심은 이러하다. "나라가 번영하는 기반은 농업과 전쟁에 있다."[29] "나라는 농업과 전쟁으로 안정되고, 군왕은 농업과 전쟁으로 존귀해진다."[30] 국가가 부강해지려면 농업을 기반으로 군사력을 키우고, 군사력으로 적을 압도해야 군왕이 위엄을 떨칠 수 있다고 본 것이다. 상앙의 개혁은 이렇게 시작했기에 진나라는 마침내 토지 국유화를 단행했고 아울러 외국의 노동력을 끌어들여 황무지를 적극적으로 개간했던 것이다. 「위전개천맥령爲田開阡陌令」과 「전률田律」을 반포한 것도 이 때문이다. 이상의 개혁이 성공하자 진나라는 국력이 급상승했고 점차 동방 여섯 제후국을 압도하여 통일의 기반을 닦을 수 있었다.

진나라 국책의 심원한 영향

중국을 통일한 진시황은 토지개혁을 계속 추진했을 뿐더러 다른 분야에서도 과감하게 개혁을 진행하여 후세에 심원한 영향을 미쳤다.

도량형, 화폐, 문자를 통일한 것은 진시황의 개혁 중에서도 특히 중요한 업적이었다. 문자를 통일한 업적 하나만 일단 이야기해보자. 인감도장이 있는 분이라면 그 글꼴을 유심히 보시기 바란다. 바로 아래 글꼴과 비슷하다는 느낌

---

28 상앙 변법: 진나라 효공이 즉위하자
부국강병을 위해 개혁을 단행하기로 결심하고
상앙을 중용했다. 이에 상앙은 황무지를
개간하여 경지를 늘리고 중앙집권을 통해
군주의 권한을 강화했다. 이를 바탕으로 전
국민이 오로지 농경과 전투에만 몰두하도록
했다. 상앙의 개혁 조치로 인해 전국 시대
후반기 진나라는 최강국으로 부상했다.

29 "國之所以興者, 農戰也."

30 "國待農戰而安, 主待農戰而尊."

이 들지 않는가?

호월선심皓月禪心.　　　　　　길상여의吉祥如意.

　　이런 글꼴은 한자에 조예가 있는 분도 첫눈에 무슨 글자인지 판독하기 힘
들 때가 많다. 물론 일반 도장에도 간혹 각인되지만 특히 인감도장에 많이 새
기는 글꼴인데, 이를 소전小篆이라 한다. 이 소전이 곧 진시황이 통일한 글꼴이
다. 진시황 이전, 말하자면 춘추전국 시대에는 각 제후국이 각자 그들의 글꼴
을 사용했다. 그 결과 원래는 같은 한자이건만 서로 다른 글꼴을 사용하게 된
것이다. 예를 들어 '말-마馬'를 아래와 같이 다양하게 표기했다.

　　같은 한자를 이처럼 다르게 표기한다면 교류하는 데 얼마나 불편하겠는가.

그런데 춘추전국 시대에 이런 예가 한둘이 아니었다. 중국을 통일한 진시황이 권력을 중앙에 집중하는 군현제를 실시했는데, 중앙정부가 전국을 일사분란하게 통치하려면 문자를 통일하는 것이 급선무였다. 이에 이사李斯 등에게 명해 기존의 한자를 정리하여 전국적으로 통용될 표준 한자를 개발하도록 했던 것이다. 이렇게 하여 정리된 한자 글꼴이 소전小篆이었다. 그러므로 소전을 진전秦篆이라 부르기도 한다. 진나라 때 만든 전서篆書란 뜻이다. 이사는 서예에도 능통했기에 중국 서예사에 전서의 대가로 이름을 올리기도 했다.

한자의 통일은 언어교육과도 밀접한 관련이 있다. 진나라 때 초학자를 위한 한자 교재가 여럿 출현한 것도 이 때문이다. 이사의 『창힐편倉頡篇』[31], 조고趙高의 『원력편爰歷篇』, 호무경胡毋敬의 『박학편博學篇』 등이 그것이다.

한편 화폐도 정리되었다. 진시황은 각 제후국이 사용하던 포폐布幣, 도폐刀幣, 의비전蟻鼻錢 등을 폐기하고 통일 화폐를 제작하여 보급했다. 개인적으로 화폐를 제조하거나 위조하는 자는 물론 엄형에 처했다. 진나라 당시의 화폐는 크게 두 종류였다. 하나는 황금이고, 또 하나는 훗날 흔히 보게 되는 동전이었다. 겉은 둥글고 속에는 네모꼴 공간이 있는 동전이었다. 황금은 귀금속이므로 굳이 말할 필요가 없다. 진나라 동전의 특징은 중량과 가치가 일치했다는 점이다. 말하자면 동전의 액면 가치와 동전의 금속 가치가 같다는 뜻이다. 진나라 동전의 무게는 반량半兩이었다. 진나라 동전을 진반량秦半兩이라 일컬었던 것도 그 때문이다.

진나라 동전의 형태는 훗날 금속 화폐의 표준이 되었다. 둥근 표면과 속의

---

31 『창힐편』: 진나라가 중국을 통일한 뒤 문자도
통일하여 소전을 만들었다. 소전을 보급하고자
진시황은 표준 교재의 제작을 명했다. 이에
이사는 『창힐』 7장, 조고는 『원력』 6장,
호무경은 『박학』 7장을 제작했다. 한나라로
접어들자 위 책을 모두 합쳐 한 권으로 만들고
『창힐편』이라 명명했다.

춘추 시대 도폐刀幣.

네모꼴 공간은 어떻게 결정된 것일까? 그간의 연구를 종합하면 아래 두 주장이 유력하다.

첫째, 실용성. 바깥이 둥글기에 자주 사용해도 마모가 적고 또한 중간을 꿸 수 있으므로 휴대하거나 보관하기 편했을 것이다. 또한 가운데 네모꼴 공간이 있으므로 좌우로 글씨를 넣기도 편하고 또한 읽기도 편했을 것이다. 만일 겉이 사각형이고 속이 원형이었다면 글씨를 원형으로 둘러 써야 하는데 그렇게 주조하기도 힘들고 또한 읽기도 불편했을 것이다.

둘째, 동전의 모양에 깊은 뜻이 담김. 그간의 연구를 종합하면 다음 몇 가지로 정리할 수 있다.

(1) 천원지방天圓地方의 관념이 반영된 것이다. '천원지방'이란 하늘은 둥글고 땅은 네모지다는 뜻인데, 옛 중국인들의 생각이 반영된 것이다. 이런 관념은 『여씨춘추呂氏春秋 · 환도圜道』편의 다음 내용으로도 알 수 있다. "하늘의 길은 둥글고 땅의 길은 각지다. 성스러운 제왕은 그를 본받아 세상을 경영한다."[32] 원형과 각형을 제대로 그리거나 측정하려면 도구가 있어야 하는데 그림쇠를 규規, 곱자를 구矩라 한다. 그러므로 '규구'라 하면 마땅히 지켜야 할 법도를 일컫는다. 중국의 전통적인 관념에서는 이 세상 모든 사람과 만사만물은 '규구'에 따라야 한다고 생각했다. 따라서 동전도 이와 같은 법도에 따라 하늘과 땅을 본받아 바깥쪽은 원형으로 안쪽은 각형으로 만들었다는 것이다.

진나라 반량전半兩錢.

(2) 원과 각으로 국가와 경제를 비유했다는 주장이다. 동전은 우물의 모습과 흡사하여 그로써 상업과 무역을 대표한다는 것이다. 우물에 물이 고이고 또한 그 물을 퍼올려 사용한다. 물이 고이듯 재화가 축적되고 물이 흐르듯 유통됨을 비유했다는 것이다. 이와 함께 동전의 겉을 두른 원형은 국가나 정권을 비유하여 위정자의 덕이 원

---

32 "天道圓, 地道方, 聖人法之, 所以立天下."

처럼 두루 미치고 있음을 상징한다는 것이다. 그렇다면 동전의 모양이 비유하는 바는 정치든 경제든 '사방으로 두루 퍼지다(周流四方)'의 뜻이 담겼다는 주장이다.

(3) 진시황이 심취했던 신선술과 연관된다는 주장이다. 그 당시 불로장생이나 신선술을 연구하고 선전했던 자들을 방사方士라 했고, 그들의 학설을 방술方術이라 했다. 방술에 매혹되어 방사를 숭배했던 진시황이 화폐를 만들 때 방方을 추가하여 공방전孔方錢으로 만들었다는 것이다. '공방'이란 '구멍-공孔'에 '모-방方'으로 동전의 중앙이 각형으로 구멍이 났다는 뜻이다.

세 번째 주장과 관련하여 방사들이 선전했던 불로초 이야기가 빠질 수 없다. 진시황이 불로초를 갈구했다는 전설이 퍼지면서 훗날 중국인들은 진시황을 무척이나 조롱했는데 그중에 아마 서복徐福[33]의 전설이 가장 유명할 것이다. 진시황은 서복에게 장생불사의 명약을 구하라 명했던 모양이다. 이에 서복은 두 차례에 걸쳐 해외로 파견되었는데, 특히 두 번째 출장 규모는 상당했다. 수천 명의 동남동녀와 함께 군대까지 거느리고 호탕하게 출발했던 것이다. 서복 일행이 천신만고 끝에 도착한 곳은 이른바 '천세과千歲果'가 자라고 있다는 일본 세토[瀬戸] 내해의 이와이시마[祝島]였다. 그런데 그곳의 천세과를 확인한 순간 서복은 기겁했다. 중국의 관중 지역 진령秦嶺 및 파산巴山 일대에 흔하디흔한 '중국 키위'와 별반 차이가 없었기 때문이다. 서복은 진시황의 성격을 익히 알기에 그 천세과를 들고 귀국할 배짱은 없었다. 그 후 서복이 어떻게 했는가는 이런저런 버전이 있으니 독자께서는 스스로 찾아 즐기시기 바란다.

---

33 서복: 진나라 때 방사方士. 박학하고 다재다능했다. 의학뿐 아니라 천문과 항해에도 조예가 깊었다. 진시황에게 발탁되어 불로초를 구하고자 해외로 파견되었으나 돌아오지 않았다.

세계를 놀라게 한 진시황릉 병마용.

　거만금을 들여 불로초를 찾았던 진시황인지라 그의 묘역도 타의 추종을 불
허할 정도로 어마어마했다. 인류 역사상 굴지의 대규모 능묘 조성에 얼마나
많은 인력과 재화가 투입되었는지 가늠하기 힘들다. 아마 인명 손실도 상당했
을 것이다. 진시황의 능묘는 세계 8대 불가사의이며 세계문화유산에 이미 등
록되었다. 우리가 섬서성 서안(시안)西安에 가면 꼭 관람하게 되는 '병마용', 즉
진용秦俑이 도열한 그 진시황릉이 바로 그것이다.

'진'과 China

진나라의 영향으로 '진'이란 한자는 '중국'을 대신하는 명칭이 되기도 했다. 그 당시 '중국' 밖의 외국인들은 중원 지역의 사람들을 일률적으로 진인秦人이라 불렀기 때문이다. '진'의 독음으로부터 China가 나왔음은 이미 상식이 되었다. 자고로 중국은 도자기로도 유명했다. 도자기 하면 그냥 중국이었기에 소문자 china는 도자기를 뜻하게 된 것이다.

물론 China의 유래에 대해 이설이 분분한 것도 사실이다. 그중의 하나는 인도 산스크리트어의 'cina'로부터 유래했다는 주장도 있다. 근대 작가 소만수(쑤만수)蘇曼殊[34] 등이 고증한 바에 따르면 'cina'는 '지혜'의 뜻이므로, 고대 인도인들은 중국을 지혜로운 나라로 여겼다는 것이다.

끝으로 진秦의 뜻을 정리하자. 글꼴로 볼 때 '진'의 초창기 본뜻은 '농경에 적합(한 땅)'이었으며 이로부터 '토지가 비옥한 관중 평야'를 가리켰다. 그 뒤 주나라 효왕이 '진'이란 지명의 특정 지역을 봉해주면서 영성嬴姓 선조의 근거지가 되었고, 다시 그 뒤로 제후국의 명칭이 되었다. 이 일개 제후국이 훗날 전 중국을 통일하여 중앙집권의 대제국을 건설했다. 통일을 완성한 자는 진시황인데 많은 것을 개혁했어도 국호만은 그대로 '진'을 사용했다.

일반적으로 '진'이라 하면 진나라나 진 제국을 뜻하기에 무릇 '진'이 들어간 단어나 성어는 표면적인 뜻 이외에 숨은 뜻이 담겨 있다. 몇 가지 예를 들어보겠다.

---

34 소만수: 중국 근대 작가이자 시인이며 번역가. 소만수는 시와 그림에 조예가 깊었고 외국어에도 다수 능통했다. 문학적으로 특히 시와 소설에서 탁월한 성과를 올렸다. 그의 작품은 『만수전집曼殊全集』 다섯 권으로 엮어졌다.

'진'과 관련된 고사성어

첫째 성어는 진진지호秦晉之好.

중국 역사에 관심이 많은 분이라면 얼핏 들어본 적이
있을 것이다. 두 집안이 혼인을 맺어 좋은 관계가 된 것
을 일컫는다. 나관중의 『삼국연의』에 이런 내용이 나온다.
"한윤韓胤이 서주徐州에 도착하여 여포呂布를 뵙고 아뢰었
다. '주공께서 장군을 앙모하여 영애를 며느리로 맞이하
고 영원히 진진지호를 맺고자 하나이다.'" 그렇다면 이 성
어가 어떻게 두 집안의 혼인관계를 뜻하게 되었을까? 춘
추 시대에 진나라 이외에 또 하나의 강대국으로 진晉나라
가 있었다. 그 당시 서로의 이익을 위해 동맹을 맺는 일이
흔했는데 그 방법의 하나가 정략결혼이었다. 진 목공秦穆
公[35]이 진 헌공晉獻公의 딸 백희伯姬를 아내로 맞이한 것이
혼인관계의 시작이었다. 그 후 20년 사이에 진 목공은 자
기 딸 회영懷嬴을 진晉나라의 두 왕자에게 차례로 시집보
냈다. 이런 내력이 있기에 '진진지호'라 하면 혼인을 맺은
두 집안 사이의 친밀한 정을 뜻하게 되었다.

둘째 성어는 피진避秦.

이 단어의 표면적인 뜻은 간단하다. '진'을 피한다는

정교하고 아름다운 도자기.
원나라 청화青花 자기로
'귀곡鬼谷 선생 하산도'라 명명했다.
전국 시대 병법가 손빈孫臏의
스승이었던 귀곡 선생이 하산하는
이야기를 그린 것이다.
이 도자기는 2005년 영국 런던
크리스티스CHRISTIE'S 경매에서
1400만 파운드에 낙찰되었다.

---

35 진 목공: 춘추 시대 진나라 군주로 인재를
무척 아꼈다. 일찍이 진 문공晉文公의 귀국을
도와 왕위를 탈취하는 데 협조했고, 주周나라
천자 양왕襄王을 도와 촉국蜀國 및 기타
제후국을 정벌하기도 했다. 진 목공이 덕정을
행하고 착실히 국력을 다진 덕분에 그로부터
400여 년 후 진나라는 중국을 통일할 수
있었다.

뜻이다. 핵심은 무슨 이유로 '진'을 피한다는 것일까? '진'에 담긴 속뜻은 무엇일까? 우선 당나라 시인 소광문蘇廣文의 작품 「자상산숙은거自商山宿隱居」의 다음 구절을 보자. "진나라를 피할 만한 곳이 도원이라 들었지만, 몇 날 며칠을 찾아 살펴도 사람을 못 봤어라."[36] 상산商山[37]은 진나라 말기 네 명의 은자가 은거했던 곳이다. 네 명의 은자는 동원공 당병, 하황공 최광, 기리계 오실, 녹리선생 주술 등이었다. 이들은 진나라 말기에 난리를 피하여 상산에 은둔했다. 한편 도원桃園이란 백성들이 난세를 피해 숨어들었던 가상의 '무릉도원'을 동진 시대 도연명이 이상향처럼 묘사한 글에서 유래한 용어이다. 이렇게 본다면 진나라가 각종 정책을 시행하는 과정에서 얼마나 질풍노도처럼 백성을 몰아쳤으면 '진'이 난세나 폭정의 대명사가 되었을까. 그렇다면 '피진'이란 단순히 진나라를 피한다는 뜻이 아니라 '난세를 피함'이거나 '은거, 은둔'을 뜻하는 용어인 셈이다.

셋째 성어는 진경고현秦鏡高懸.

중국어나 한문을 공부하는 분이라면 '진경고현'은 다소 생소하겠으나 '명경고현明鏡高懸'은 익숙하기에 혹시 오타가 아닐까 의심할 수도 있다. 명경고현이란 '밝은 거울이 높이 걸렸다'는 뜻이니 관리가 법을 엄격히 집행하고 업무를 공정하게 처리한다거나 혹은 사건을 훤하게 꿰뚫어 공정무사하게 처리함을 뜻한다. 이런 '명경고현'이 '진경고현'과 무슨 관계가 있을까? 두 성어는 중국에서 같은 뜻으로 쓰이고 있다. 청나라 작가 이어李漁[38]의 작품 『비목어比目魚·해취駭聚』에 이런 내용이 있다. "만일 진경秦鏡이 높이 걸려 이 늙은이의 억

---

36 "聞道桃園堪避秦, 尋幽數日不逢人."

37 상산: 섬서성 상락시商洛市 단봉현丹鳳縣 상진商鎮 남방 1킬로미터 지점의 단강丹江 남쪽에 있는 산이다. 산의 모습이 마치 상商자와 닮아서 '상산'이라 부르게 되었다고 한다. 진나라 말기 네 명의 현자가 이곳에 은거하여 더욱 유명해졌다. 중국제일은산中國第一隱山, 즉 중국 은자隱者의 최고 명소가 되었다.

산서성 평요平遙 고성古城 내 아문에 걸린 명경고현 액자.

울함을 풀어주지 않았으면 내가 패가망신하는 것은 물론이요 영원히 악명을 벗어날 수 없었을 것이외다."**39** 그런데 '진경고현'은 글자 그대로 풀어서는 이해하기 쉽지 않다. 그 속에 옛날이야기 한 토막이 녹아 있기 때문이다. 전설처럼 전해오는 이야기다.

진시황 시절에 사각형 거울이 있었다. 그런데 이 거울은 마치 엑스레이처럼 사람의 오장육부를 투과하여 낱낱이 비추어주고 아울러 내장의 질병과 함께 그 사람 심장의 선악까지도 보여주었다. 이런 신통력 덕분에 진시황은 거울로 주변 사람을 비추어 엉뚱하거나 수상한 자를 색출하고 처단했다고 한다. 이로

---

38 이어: 명나라 말기 청나라 초기 희곡 작가 및
희곡 이론가. 어려서부터 총명하여 재자才子로
통했으며 사람들이 이십랑李十郎이라 칭했다.
집안에 극단을 두었고 각지로 순회공연까지
다녔다. 이 과정에서 극본을 창작하고 실제로
연출도 경험했다. 이런 경험이 토대가 되어
마침내 비교적 완비된 중국 희극 이론체계를
구축했다.

39 "若非秦鏡高懸, 替老夫伸寃雪枉, 不止隕身敗名, 亦且
遭臭萬年."

부터 진나라의 거울이던 진경秦鏡이 명경明鏡이 되었으며, 따라서 진경고현과 명경고현은 같은 뜻으로 사용하게 되었다.

　　이상으로 진나라와 관련된 성어 몇 개를 살펴보았다.

　　왕조의 명칭과 관련된 고사성어는 비단 진나라에만 국한된 것이 아니라 역대 왕조마다 많든 적든 계속 생겨났다. 왕조의 특징이나 그 배후의 스토리가 그 나라 언어문자에 미치는 영향이 얼마나 큰지 앞의 몇 개 성어로도 알 수 있을 것이다. 따라서 중국어나 한자를 제대로 공부하려면 중국어나 한자 자체뿐 아니라 그 배후에 깔린 역사는 물론이고 신화나 전설에 대해서도 풍부한 지식을 갖추는 것이 필요하다. 아마도 이런 점들이 중국어나 한자를 학습할 때 겪는 애로점이자 또한 동시에 매력이라고 하겠다.

　　영원히 이어질 것만 같던 진시황의 진나라는 15년을 넘기지 못하고 쓰러졌다. 그 뒤를 이은 왕조가 한漢나라이다. 한나라는 왜 '한'을 국호로 정했을까? 그 배후에는 어떤 이야기가 담겨 있을까? 다음 장에서 이어가도록 하자.

제5강 ＝ 한漢 ∷ 거침없이 비상하는 천마의 호쾌함

－ 한漢은 하늘과 관련이 있을까?

－ 한일천종의 전설

－ 한족漢族의 뿌리는 한나라인가?

한漢은 본디 강물 이름이었다.[1] 훗날 특별히 하늘의 은하수銀河水를 가리키면서 하늘과 인연을 맺었고, 이로부터 천마행공天馬行空의 호쾌함과 웅장함을 갖추게 된다. 한漢나라는 진秦나라를 이어 중국을 재통일했기에 정치 · 경제 · 외교 · 문화 등 다방면에 걸쳐 후세에 거대한 영향을 미쳤다. 오늘날 널리 사용하는 용어로 한족漢族, 한어漢語, 한자漢字 등이 있는데, 바로 2000여 년 전의 한나라로부터 유래된 것이다.

---

1 한漢은 부수가 '물-수氵(=水)'이므로 당연히 물과 관련된 것. 강 이름 한수漢水를 가리킴.
  한수는 중국 양자강의 지류. 중국 섬서성 남부 진령산맥에서 발원하여 한중漢中을 지나 동쪽으로 흘러
  호북성으로 접어든 뒤 무한武漢에서 양자강으로 합류한다. '한수'의 한漢은 그 역사가 무척 오래되었다.
  중국 최초의 시가집『시경』에「한광漢廣」이란 시가 있다. '한수는 넓고 넓어'란 뜻.『시경』의 작품은
  기원전 11세기-5세기 사이에 제작된 것이므로 지금으로부터 2500년 이전의 작품이다. 그때부터 이미
  한수漢水란 용어가 있었다는 뜻. -역주

노자의 『도덕경道德經』[2]에 이런 이야기가 있다. "표풍부종조飄風不終朝, 취우부종일驟雨不終日." 표면적인 뜻은 광풍이나 폭우는 오래 가지 못한다는 것이다. 그저 아침 한나절이고 길어야 하루를 못 넘긴다는 뜻이다. 물론 이 이야기는 광풍이나 폭우의 파괴력을 무시해도 좋다는 뜻은 아니다. 이 이야기가 전하고자 하는 속뜻은 사람의 성격이나 업무 스타일을 일진광풍이나 질풍노도처럼 해봐야 오래가지 못하니 차근차근 계획을 세워서 준비하고 아울러 흔들리지 않는 의지력으로 초지일관해야 된다는 것이다.

유방 초상화(명나라 작품).

앞 장에서 다뤘던 진나라는 바로 이런 점에서 큰 실수를 저질렀다. 동방 여섯 나라를 정벌하여 중국을 통일했지만 그 이후 취했던 일련의 정책이나 조치는 눈앞의 성공이나 이익에 급급하여 결과적으로 정권의 수명을 재촉하고 말았다. 진나라는 고작 15년을 넘기지 못했다. 진시황제의 손자가 왕위를 계승한 지 불과 40여 일 만에 그 당시 초나라 장군 유방劉邦에게 옥새를 바치면서 투항했던 것이다.

그 이후 유방은 항우와 패권을 다투다가 이윽고 기원전 202년 해하垓下에서 항우를 궁지로 몰아 한때 전국을

---

2 『도덕경』: 또는 『노자老子』라 부르기도 한다. 도가 사상의 중요한 저작이다. 억지로 무슨 일을 하려고 하지 않으면서 맑고 조용한 마음으로 살아가라는 것이 주된 가르침이다. 춘추 시대 노자가 지었다고 한다.

호령하던 서초패왕西楚霸王 항우를 마침내 제압하게 된다. 이에 항우는 고향 땅의 어른들을 다시 뵐 면목이 없어 오강의 서쪽 강기슭에서 자결하고 말았으니 우리에게는 〈패왕별희霸王別姬〉를 남겨 아직도 심금을 울리고 있다.

유방은 항우를 제압하고 얼마 뒤에 형양滎陽의 사수汜水 북쪽 기슭에서 제위에 올라 서한 왕조의 개국황제가 되었다.

유방이 황제가 되기 전의 일이었다. 항우는 유방을 한중漢中에 봉한 적이 있다. 한중은 진나라 36개 군郡의 하나였다. 당시 항우의 계산으로는 유방을 옹색한 파촉 한중 일대에 봉하면 고작 몇 만 평방킬로미터의 땅덩어리로는 자신에게 대적할 수 없을 것이라 믿었던 것이다. 하물며 그 주변으로는 진령秦嶺을 비롯하여 험준한 산맥이 에워싸고 있기에 유방을 가둔 것이나 다름이 없는지라 섣불리 중원으로 진출하여 자신에게 도전할 수 없을 것으로 믿었다. 따라서 유방은 한나라를 세우기 이전에 이미 '한漢'이란 호칭과 밀접한 관계가 있는 것이다. 그렇다면 유방이 새로운 왕조를 세우고 그 왕조를 '한'이라 명명한 데에는 달리 또 특별한 뜻이 담겨 있는 것일까?

먼저 '한漢'이란 한자를 살펴보도록 하자. '漢'은 왼쪽에 '삼수변氵(=水)'이 있으니 분명히 물과 관련이 있을 것이다. 한자를 설명한 옛 문헌, 예를 들어 『설문해자』는 어떻게 해설했는지 보자. "한漢은 양漾인데 동쪽을 창랑수滄浪水라 한다."[3] 그렇다면 '한'과 '양'은 같은 뜻임을 알 수 있다. 그런데 '양'은 잔물결이 일거나 물건이 살랑살랑 흔들린다는 뜻으로, 중국어의 탕양蕩漾(dàngyàng)이란 단어가 바로 그런 뜻이다. 그렇다면 '한'의 뜻은 '잔물결이 일다'로 봐도

---

[3] "漢, 漾也. 東爲滄浪水."

[4] "漾, 水, 出隴西相道, 東 至武都爲漢."

[5] 강기: 남송南宋 문학가, 호는 백석도인白石道人. 작품은 신선하고 우아하며 담긴 뜻이 그윽하고 깊다. 감정을 완곡하고 곡절 있게 표현하여 여운이 길게 남는다. 그의 작품 스타일은 후세에 심원한 영향을 끼쳤다.

될 것이다.

그런데 문제는 여기서 완전히 해결된 것이 아니다. '양'이 '잔물결이 일다'는 뜻인 것은 분명하지만, 그와 동시에 강의 이름이기도 하기 때문이다. 앞서 언급했던 『설문해자』에는 '양'에 대해 이렇게 설명했다. "양漾은 하천이다. 농서隴西 상도相道에서 발원하여 동쪽으로 흘러 무도武都에 이르러 한수漢水가 된다."[4] 이상을 통해 우리는 다음과 같은 사실을 알게 되었다. 양漾과 한漢은 같은 강인데, '양'은 강의 상류 지역을 가리키고, '한'은 중류 지역을 가리켰던 것이다. 그렇다면 왜 중류 지역을 '한'이라 불렀던 것일까? 앞서 언급했듯 『설문해자』란 책에 "동쪽은 창랑수"라는 해설이 있기 때문이다. 말하자면 한수漢水의 밑으로 창랑滄浪이라 부르는 하류가 있다는 뜻이다.

알고 보니 한漢은 아름다운 한 줄기 강물이었던 것이다. 이 강의 이름을 다시 보시기 바란다. 상류를 양, 하류를 창랑이라 불렀다지 않은가. 한 폭의 그림 같은 강의 모습이 떠오르지 않는가? 그래서 그런지 송나라 때 작가 강기姜夔[5]는 작품의 서문에서 이렇게 읊조린 적이 있다. "창랑의 안개비, 앵무섬의 초목, ……. 내 마음속을 떠난 적이 없었다네."[6] 물론 역대로 '창랑'을 읊조린 문학가나 작품은 이루 헤아릴 수 없이 많았다. 『맹자』와 『사기』에도 이런 구절이 있다. "창랑의 물이 맑으면 내 갓끈을 씻고, 창랑의 물이 탁하면 내 발을 씻으리라."[7] 심지어 한나라 때는 양자강 이남에 '창랑정滄浪亭'을 세우기도 했고, 송나라 때 문호 구양수歐陽脩[8]는 장편시 「창랑정기滄浪亭記」를 짓기도 했다.

한漢에는 이처럼 멋진 뜻이 담겼건만 당초 유방은 '한'이란 글자에 대해 그

---

6 "滄浪之烟雨, 鸚鵡之草樹, 無日不在心目間."

7 "滄浪之水清兮, 可以濯吾纓; 滄浪之水濁兮, 可以濁吾足."

8 구양수: 북송北宋의 정치가이자 문학가이며 역사학자이기도 했다. 자는 영숙永叔이며 호는 육일거사六一居士. 작품 중에 「취옹정기醉翁亭記」가 유명하여 취옹醉翁을 호로 쓰기도 했다. 당송팔대가의 1인이다. 작품은 평이하면서도 신선한 맛이 있어 후세에 깊은 영향을 주었다.

소주蘇州에 있는 창랑정.

다지 호감을 갖지 않았다. 왜 탐탁찮게 여겼을까? 항우가 자신을 한중 땅에 봉했던 처사에 대해 극도의 반감을 가졌기 때문이다.

　유방의 생각으로는 그것이 우연이든 필연이든, 진시황제의 진나라를 멸한 자는 자기였고, 또한 진나라를 멸한 후 진나라의 금은보화에 손도 대지 않았건만 결국 항우에게 쫓겨나 산간 오지의 쥐똥만 한 땅덩어리에 봉해졌지 않았겠는가. 생각하면 할수록 실망을 금치 못했을 것이다.

---

9 소하: 서한西漢의 정치가이자 한나라 초기 삼걸三傑 중 한 명(나머지 두 명은 장량과 한신-역주). 유방을 도와 중국을 통일했다. 명장 한신韓信을 무명에서 발탁하여 대장군으로 성공시켰지만 훗날 상황이 변해 한신을 죽음으로 몰았다. 이에 "성공도 실패도 한 사람에게 달렸다(成也蕭何, 敗也蕭何)"라는 성어가 만들어졌다. 소하는 이 성어로 더욱 유명해졌다.

10 "語曰, 天漢, 其稱甚美."

한漢은 하늘과 관련이 있을까?

그러나 유방의 싱크탱크(=막료, 모사)였던 소하蕭何[9]는 유방에게 이렇게 아뢰었다. "흔히들 천한天漢이라 하는데 무척 아름다운 명칭입니다."[10] 그렇다면 적어도 소하의 생각에는 한중 땅이 괜찮다는 것이었고, 또한 천한이란 명칭이 무척 괜찮은 것으로 인정한 셈이다.

한漢은 강의 이름인 것이 분명하지만 그와 동시에 하늘의 은하銀河를 가리키기도 한다. 은하를 천한天漢 혹은 성한星漢이라 부르기도 했다. 예컨대 삼국시대 조조曹操[11]는 「관창해觀滄海」라는 작품에서 이렇게 읊조렸다. "해와 달이 그 안에서 나오는 듯, 찬란한 은하수가 그 속에서 나오는 듯."[12]

한漢이 급기야 하늘과 연관이 된다는 이야기에 유방은 내심 괜찮구나 싶어 한중 땅으로 흔쾌히 부임했다. 그 뒤로 유방은 물론 항우를 제압하고 중국을 통일했다. 그러니 새로운 왕조의 이름을 '한'으로 정하는 것도 자연스러운 일이 아니겠는가.

유방에 관한 기록을 살펴보면 그의 출생 자체도 신비한 색채로 가득하다. 정식 역사기록에 따르면 유방은 셋째 아들로 태어났다. 전통적인 관례에 따르면 큰아들은 백伯, 둘째 아들은 중仲, 셋째 아들은 계季라 했다. 따라서 유방의 본명은 유계劉季였다. 유방의 어머니는 신령한 기운과 만나 임신했다고 한다. 사마천의 『사기』에 이렇게 기록되어 있다. "모친 유온劉媼이 큰 연못가에서 쉬고 있을 때 꿈에서 신神과 만났다. 이때 천둥과 번개가 요란하여 주위는 어둑

---

11 조조: 동한 말의 정치가이자 군사전략가이며 시인. 두 아들 조비曹丕 및 조식曹植과 함께 삼조三曹로 불리며 중국 고전문학사에서 건안建安 문학의 대표주자였다. 정치적으로도 위魏나라의 기틀을 세웠기에 훗날 위 무제魏武帝로 추서되었다.

12 "日月之行, 若出其中; 星漢燦爛, 若出其裏."

해졌다. 부친이 가서 보니 용이 유온의 몸 위에 있었다. 그 뒤로 임신하여 마침내 유방을 낳았다."

이 이야기는 사실상 뻔한 스토리다. 유방의 어머니가 호반에서 잠시 휴식을 취할 때 깜박 잠이 들었는지 꿈속에서 신령과 관계를 했고 그리하여 황제의 씨를 잉태했다는 것이다. 그런데 당황스러운 점은 이 이야기가 무슨 야사野史에 기록된 것이 아니라 『사기』처럼 근엄한 정식 역사책에 기록되었다니 도무지 믿기지 않는다. 하지만 믿거나 말거나 여하튼 유방은 단순한 인간이 아니라 하늘과 관계가 있는 특별한 신분이라는 점만은 대략 드러낸 셈이다.

그런데 이미 언급했다시피 한漢이란 글자는 은하의 별칭이므로 하늘과 관련이 있다. 또한 『한서漢書 · 천문지天文志』에 보면 이런 기록도 있다. "별은 오행五行 중에 금金이 흩어져 변한 것으로 그 본질은 불 같은 발열체다. 별이 많으면 국가에 길함을 예고하고 별이 적으면 흉함을 예고한다. 은하도 역시 오행 중에 금金이 흩어진 것으로 그 본질은 금속이 녹아 흐르는 하천이다. 은하 속에 별이 많으면 홍수를 예고하고 별이 적으면 가뭄을 예고한다. 이상은 관측의 대체적인 원칙이다."[13] 옛 중국인들은 은하가 물을 주관한다고 생각했기에 별이 많이 반짝이면 세상에 물이 많아지고 별이 드물면 세상에 가뭄이 든다고 믿었다. 이게 자연의 법칙이라고 생각했던 것이다.

땅에는 한수가 있고 하늘에는 은하가 있으니 한나라의 개국은 출발부터 무척이나 상서로운 조짐이 엿보인다. 게다가 1969년 감숙성 무위武威 뇌대雷臺에서 동한 말의 청동제 비마飛馬가 출토되었는데 '마답비연馬踏飛燕'이라 명명했

---

13 "星者, 金之散氣, 其本曰人[人은 火의 오타]. 星衆,
國吉, 少則凶. 漢者, 亦金散氣, 其本曰水. 星多, 多水,
少則旱, 其大經也."

다.[14] 이 비마는 마치 장형張衡이 「동경부東京賦」에서 묘사했던 모습 "천마天馬가 자유자재로 질주함(天馬半漢)"을 증명하는 듯하다. 그렇다면 이 천마 또한 한나라의 '한漢'이 결코 범상치 않음을 상징하고 있는 것이다.

마답비연.

'마답비연'은 '마초용작馬超龍雀'이니 '동분마銅奔馬'라 부르기도 한다. 이 청동제 공예품의 가장 창의적인 점은 질주하는 말이 외부의 그 어떤 힘도 빌리지 않았다는 것이다. 말에 날개가 없으니 바람의 힘을 빌릴 필요가 없다. 그저 자신의 힘으로 박차고 일어나 천마가 허공을 달리듯 거침이 없는 모습인 것이다. 뒷발굽에 밟힌 제비는 그저 장식일 뿐 천마는 광활한 우주를 여유 있게 비상하는 모습을 보여주고 있다. 이상을 통해 우리는 한나라 때 사람들이 그들의 왕조가 훌륭할 것으로 기대했고, 심지어 자부심으로 가득했음을 알 수 있다.

---

14 '마답비연'이라 명명한 이유는 청동제 비마의
   뒷발굽이 제비의 등을 살짝 밟고 있는 모습
   때문이다. 제비가 아니라 용작龍雀(신령스러운
   봉황)이라 주장하기도 하는데 무엇이든 간에
   허공을 자유자재로 비상하는 날짐승의 등을
   가볍게 밟을 정도면 어느 정도로 신비한
   천마天馬인지 짐작될 것이다. –역주

한일천종의 전설

유방의 탄생처럼 한나라 때의 신기하고도 낭만적인 또 다른 이야기가 전해지고 있다. 이야기의 제목은 '한일천종漢日天種'이다.

이 이야기는 지금까지도 타스쿠얼간[塔什庫爾干] 지역의 민간에 널리 퍼져있다. 이 지역은 신강성 타지크 자치현 일대인데 고대 실크로드상의 요충지로서 그곳 산지대에 돌로 쌓은 성채가 아직도 남아 있다. 이곳이 바로 그 유명한 공주보公主堡로서 '한일천종'의 전설이 유래된 유적지다. 이곳은 고대 걸반타국碣盤陀国[15]의 속지였으며 타지크족의 발상지이기도 하다.

전설에 따르면, 고대 페르시아 국왕이 중국으로 사신을 보내 공주를 아내로 모시겠다고 했다. 공주를 모셔올 때 타스쿠얼간 지역을 지나가게 되었는데 마침 그 지역에 전쟁이 한창이었다. 전란을 피하고자 공주 일행은 지금의 그 공주보가 위치한 산속으로 피신하여 전쟁이 끝나기만을 기다렸다. 그렇게 수개월이 흘렀다. 그런데 청천벽력과 같은 일이 벌어졌다. 공주가 그 사이 임신을 한 것이다. 공주를 모시던 시종의 전언에 따르면 산속으로 피신한 이후 매일 천신天神이 태양 속에서 말을 타고 내려와 공주와 만났고, 그리하여 공주가 임신을 했다는 것이다.

언뜻 듣기에야 아름다워 보이는 이야기겠으나 정작 사신 일행은 벼락 맞은 기분이었을 것이다. 귀국하게 된다면 어떻게 보고할 것인가. 이에 부득이 그곳에 그냥 눌러앉기로 결정했다. 몇 개월이 흘렀고 공주는 아기를 낳았는데 남

---

15 걸반타국: 고대 서역에 있던 왕국. 대략 지금의
신강성 위구르자치구 카스 지역 타스쿠얼간
타지크 자치현 부근에 있었으며, 도읍지는
지금의 신강성 석두성石頭城 유적지에
있었다. 한나라 때는 서역 36개국의 하나였고
당나라에 이르자 크게 번성하여 서역 방어의
최전방 역할을 했다. 청나라 때는 이곳에
포리청蒲犁廳과 포리현蒲犁縣을 개설했다.

자아이였다. 서역 민족과 한족의 혼혈이었다. 아기는 훌륭하게 장성하여 마침내 걸반타국을 세웠고, 아울러 지금의 타지크 민족 시조가 되었다는 전설이다.

한족漢族의 뿌리는 한나라인가?

위 전설은 당나라 때 고승 현장玄奘 법사가 지은『대당서역기大唐西域記』에도 자세히 기록되어 있으며, 지금까지도 많은 학자들이 흥미를 가지고 계속 연구하고 있다. 이를 통해 한나라가 중국 역사의 다방면에 영향력을 미쳤음을 알 수 있다. 자연에서 인문까지, 문학예술에서 음식과 복장까지, 그리고 강성한 국력과 민족 융합에서 외교에 이르기까지 무척이나 그 영향력이 광범위하고 대단했던 것이다. 물론 그중에서도 가장 큰 영향은 한족漢族의 근원이 되었다는 점일 것이다. 다만 그 당시나 그 이후 상당히 오랜 기간 한漢은 민족의 칭호는 아니었고 단지 지역개념상 일정한 지역에 대대로 모여 살던 사람을 지칭했을 뿐이다. 한漢으로 민족을 표시한 것은 청나라 때부터였으니 그리 먼 오래된 일은 아니라고 할 수 있다.

〈현장부급도〉.[16]

16 부급負笈이란 책 상자를 진다는 뜻으로, 타향으로 공부하러 감을 이르는 말이다. 이 그림을 〈현장취경도玄奘取經圖〉라 부르기도 하는 것으로 보아 현장이 인도로 건너가 불법을 공부하고 불경을 구해오는 모습을 그린 듯하다. -역주

한나라는 중국 역사에서 비교적 길게 이어진 셈이다. 중간에 왕망王莽이 정권을 빼앗았기에 서한西漢과 동한東漢으로 나뉘었다. 그 이후 동한 말년에는 군웅이 봉기하고 북방 이민족들이 침입하자 한때 강성했던 한나라도 몰락하고 말았다. 위魏나라 문제文帝 조비曹丕가 한나라를 멸했고, 그 뒤 얼마 안 가 사마씨司馬氏 집안이 또 위나라를 멸했다. 265년 사마염司馬炎이 정식으로 정권을 접수하고 도읍지를 낙양으로 정했다. 이때부터 중국 역사는 양진兩晉 시대로 접어든다.

제 6 강 = 양진兩晉: 무력과 둔전의 양날

― 진晉의 유래와 속뜻

― 무력과 둔전 사이에서

― 화제 만발、위진 풍골

위촉오魏蜀吳 삼국 시대를 마감한 양진兩晉 왕조는 내분으로 크고 작은 전쟁이 이어지면서 평화가 오래 지속되지 못했다. 이에 진晉이란 글자는 병기兵器와 관련이 있다는 해석이 등장하게 된다. 학자에 따라서는 서진西晉과 동진東晉, 이를 '양진'이라 하는데[1] 그 통치자들이 군사력 증강과 둔전屯田의 양날 위에서 아슬아슬하게 춤을 추다가 결국 멸망했다고 분석하기도 한다. 정치는 혼란스러워 난세였지만 문화계는 오히려 활기가 넘쳤다. 위진魏晉 시대의 비분강개한 스타일과 자유분방했던 죽림칠현竹林七賢의 일화는 두고두고 후세 사람들의 화젯거리가 되었다.

1 위魏나라의 조조가 천하통일을 꿈꾸다 좌절한 지 50여 년이 지난 263년, 위나라의 장군 사마소司馬昭가 삼국정립의 국면을 깨게 된다. 촉蜀과의 전투에서 그는 길이 험하고 인적이 드문 산악지대로 군대를 투입하여 촉의 배후를 기습한다. 졸지에 허를 찔린 촉나라는 순식간에 무너졌고 남은 것은 남방의 오吳나라였다. 촉나라를 멸한 사마소는 그 이듬해에 죽고 그의 아들 사마염이 자리를 잇게 된다. 이미 위나라의 실권자로 등장한 사마씨 집안은 사마염에 이르자, 과거 위나라의 조조가 그랬던 것처럼 천명이 사마씨에게 왔다며 황제의 자리를 선양하도록 협박했다. 이렇게 하여 세워진 나라가 바로 진晉나라다. 우리가 진秦·한漢에 이어 위진남북조魏晉南北朝라 할 때의 진晉 왕조가 바로 이 나라다. 진 왕조의 노장 왕준王濬이 양자강을 따라 전함을 몰고 오나라 심장부로 접근하자 오나라는 280년에 결국 백기를 들고 만다. 이로써 위촉오 삼국정립은 막을 내리고 중국은 다시 재통일되는 듯했다. 그러나 촉과 오를 정복한 지 불과 10년, 진晉 왕조는 왕조의 내분으로 다시 분열되기 시작했다. 내적으로는 왕자들 사이에 권력 다툼이 일어 정국이 혼란했고, 외적으로는 흉노족·선비족 등 변방의 다섯 이민족이 진晉 왕조가 혼란한 틈을 타 중원中原으로 몰려와 약탈하기 시작했다. 역사적으로는 여덟 명의 왕자가 난리를 일으켰다고 하여 팔왕지란八王之亂이라 하고, 변방 이민족의 침입을 오호지란五胡之亂이라 부른다. 이에 진晉 왕조는 지금의 남경南京 쪽으로 피난을 가서 겨우 왕실을 유지하게 된다. 남경은 중원 땅으로부터 보자면 동쪽에 위치했기에 동쪽으로 밀려간 진 왕조라 하여 동진東晉이라 부른다. 그 이전의 진晉 왕조는 동진과 구분하여 물론 서진西晉이라 한다. 서진과 동진을 합해 '양진'이라 칭한다. 진시황제의 진秦나라와 사마씨 집안의 진晉나라는 한자는 다르건만 한글 발음이 같아 독자에게는 혼동될 수도 있다. 따라서 이 장에서는 진晉나라를 편의상 '진 왕조' 혹은 '양진' '양진 왕조' 등으로 표기하여 진시황의 진秦나라와 구분하고자 한다. -역주

◇◇◇◇◇◇◇◇◇◇◇ 진晉 왕조의 국호는 그들의 선조가 거주했던 지명에서 유래했다. 역사 기록에 따르면, 사마씨司馬氏는 귀한 혈통으로 명문 출신이었다. 『진서晉書2·선제본기宣帝本紀』에 이렇게 기록되어 있다. "사마씨의 선조는 고양高陽의 아들 중려重黎의 후예이다. 중려는 하관夏官3에 속하는 축융祝融이었다."4 또한 『사기·오제본기五帝本紀』에는 고양高陽이 전설상의 오제五帝 중 한 명인 전욱顓頊으로서, 황제黃帝의 손자로 기록되어 있다. 전국 시대 말기 초나라의 애국시인으로 유명한 굴원도 그의 대표작 『이소離騷』5 첫 구절을 이렇게 시작했다. "저는 고양高陽의 후예랍니다."6 그렇다면 사마씨와 굴원도 혈연적으로 남남은 아니었던 것이다.

축융 부족 시절에는 그 일파의 활동무대가 산서성 남부까지 이르렀다. 그 이후 상황에 대해서는 『사기』에 다음과 같이 기록되어 있다. "동주 시대 혜왕惠王과 양왕襄王 사이에 사마씨 일족의 조상은 종주국 주周 왕실의 세력권을 벗어나 그 당시 점차 춘추오패의 하나로 부상하던 제후국 진晉으로 이주했다."

다시 세월이 흘러 춘추 시대 진晉은 한위조韓魏趙 삼국으로 분할되며 전국 시대로 접어들었다. 사마씨 일족의 조상은 위나라와 조나라에서 말직에 머물다가 진한秦漢을 거쳐 위촉오 삼국 시대에 이르자 급기야 조조의 위나라 정권에서 중견 세력으로 떠올랐다. 그러므로 진晉이란 명칭은 지역과 밀접한 관련이 있음은 분명한 사실이다.

지역적인 연관성 이외에 진晉이란 한자 자체를 연구하면 우리는 그로부터 진 왕조 내부의 특이한 상황을 엿볼 수도 있을 것이다.

---

2 『진서』: 중국 24사의 한 부로서 사마의司馬懿의 초기 경력부터 시작하여 진晉 왕조의 마지막 제왕 공제恭帝가 원희元熙 2년 유유劉裕에게 쫓겨날 때까지의 역사를 기록했다.

3 『주례周禮』는 관료체계를 천지춘하추동天地春夏秋冬의 여섯 분야로 나누고, 그중 하관夏官은 대사마大司馬를 우두머리로 하여 군사를 관장했다. -역주

4 "其先出自帝高陽之子重黎, 为夏官祝融."

5 『이소』: 굴원의 대표작이며 중국 고전문학사의 빛나는 업적이다. 작품은 굴원의 정치적 포부와 이상을 표현하고 있다. 무수한 신화전설과 역사고사를 인용하여 장대한 스케일을 보여줌과 동시에 화려하고 아름다운 글이 탁월한 문학기교로 전개되고 있다.

진晉의 유래와 속뜻

진晉의 갑골문 글꼴은 아래와 같다.

　얼핏 보면 화살 같은 것 두 개가 어떤 물체에 꽂힌 모습이다. 그런데 그 어떤 물체라는 것이 무엇인지 불분명하고, 또한 화살 같다고는 했지만 그것이 분명히 화살이냐고 질문한다면 그 또한 단정하기도 힘들다. 따라서 상단에 나란히 서 있는 것을 화살로 보는 학자도 있지만 '벼-화禾'로 보는 학자도 적지 않다. 이에 '벼'로 해독한다면 무슨 뜻이 되겠는가? 하단을 '날-일日'로 간주한다면, 벼가 햇빛을 받아 위로 무럭무럭 잘 자라는 모습이라 해독하기도 한다.

　그런데 '위로 잘 자라다'의 뜻인 '향상向上'은 진晉의 뜻이 확장되면서 훗날 추가된 것이지 초창기 본뜻은 아니었다. 진晉의 갑골문 글꼴을 유심히 살피면, 상단은 그것이 화살이든 벼든 하단의 그 무엇에 꽂힌 모습인 것만은 명확하다. 따라서 초창기 본뜻은 '끼우다, 삽입하다, 꽂다'였을 것이다. 고전의 용례를 확인하도록 하자. 『주례周禮 · 춘관春官 · 전서典瑞』에 이런 구절이 있다. "왕진대규王晉大圭." 왕이 허리춤의 큼지막한 요대에 본인의 신분을 표시하는 옥기玉器를 꽂았다는 뜻이다. 위 구절의 '진晉'은 동사로서 '꽂다'의 뜻으로 사용된 것이 확실하다. 초창기 본뜻은 시간이 흐르며 점차 희미해졌다. 이에 손동작을 표시하는 '손-수扌(=手)'를 좌측에 추가하여 '搢(진)'으로 복원하고 '꽂다, 끼우다, 삽입하다'의 뜻으로 사용하게 된다. 그러나 '搢(진)'도 지금은 거의 사용하지 않는다. 같은 뜻의 '끼울-삽挿'을 대신 사용하기 때문이다.

한편 진晉의 초창기 뜻에는 창 같은 병기의 길쭉한 장대 모양의 금속 덮개를 가리키기도 했다. 이렇게 본다면 진晉은 병기와도 관련이 있다. 이와 함께 앞서 언급했듯 농작물이 무럭무럭 잘 자라는 모습을 뜻하기도 했다. 위 두 가지 기본 뜻은 양진 왕조의 기본적인 국책과 전략을 보여주고 있기에 나름 흥미를 자아낸다.

먼저 전쟁과 관련된 이야기부터 해보자. 양진 시대는 전란이 끊이지 않았다. 어떤 의미에서 본다면 전투와 전쟁이 진 왕조의 기본 국책이었을 정도다. 양진 왕조 통치자들의 조상은 춘추전국 시대의 제후국 진晉나라에 살았는데, 진나라는 전쟁을 즐긴 제후국이었다. 『한서漢書·천문지天文志』에 이런 내용이 있다. "그러므로 중국의 산맥과 하천은 동북 방향으로 흐르는데, 그 체계는 머리 부분이 농촉隴蜀 지역이고, 꼬리 부분은 발해渤海와 갈석碣石 지역으로 빠졌다. 그러므로 진秦나라와 진晉나라는 전쟁을 좋아한다."[7]

중국의 지형은 서북쪽이 높고 동남쪽이 낮다. 그런데 지리 지식이 부족했던 옛 중국인들, 적어도 한나라 때까지의 중국인들은 서남쪽이 높고 동북쪽이 낮은 것으로 생각했다. 따라서 산맥이고 하천이고 모두 서남쪽에서 동북 방향으로 기울고 있다고 여겼던 것이다. 말하자면 위 인용문의 농촉隴蜀 즉 감숙성과 사천성에서 산과 강이 발원하여 발해만 쪽으로 흘러간다고 믿었다. 그러므

---

7 "故中国山川東北流, 其維, 首在隴·蜀, 尾没于渤
海·碣石. 是以秦晉好用兵."

로 서북방의 고지대에 위치한 춘추전국 시대 진秦나라와 진晉나라는 지세 탓에 위에서 아래로 군림하는 형국이라 문제가 발생하면 전쟁으로 해결하길 좋아했다는 것이다.

따라서 양진 왕조의 호전적인 경향은 환경이나 시국 때문이기도 하겠으나 그에 못잖게 선조의 유전자를 물려받아 무력을 과시하려는 전통도 상당히 작용했다고 볼 수 있다.

양진 왕조 당시의 정세는 한마디로 요약하면 '내우외환'이었다. 안으로는 권문세가들이 관직을 독점하여 국정을 농단했고 '팔왕의 난八王之亂'으로 전국이 전란에 휩싸였다. 밖으로는 주변의 이민족들이 호시탐탐 중원 지역을 엿보다가 마침내 '오호난화五胡亂華'로 중원을 점령했다. 양진 시대는 그러므로 평화의 시기는 짧고 전란의 시기는 길었던 것이다.

객관적으로 평가할 때 양진 왕조 시기는 정치적으로 민주적인 요소가 다소 있기도 했다. 대내적으로 보자면, 권문세가들이 정권을 좌지우지하긴 했다. 그러나 번왕藩王이나 대신들도 국정에 참여할 수 있는 권한이 주어졌기 때문에 국가의 발전 전략에 대해 충분히 건의할 수 있었다. 대외적으로 보자면, 그것이 개방적인 조치였든 현명한 전략이었든 간에 일부 소수민족을 관리로 임용했고, 또한 소수민족 할거 세력에 대해서도 다양한 회유책을 구사했다. 이로 인해 동진 정권이 일어설 때 왕권을 옹립했던 주요 대신 중에는 소수민족 지휘관이 거의 절반을 차지하기도 했다. 그러나 양진 왕조는 여하튼 위촉오 삼국 시대의 혼전을 거치며 건립된 정권이므로 다양한 세력들은 난세의 시대적 분위기에 젖지 않을 수 없었다. 따라서 양진 왕조의 시대적 배경을 단 한 마디로 요약하면 '혼란'이었다.

양진 왕조가 약체였지만 그래도 명색이 중앙정부가 있고 황제가 있었는데 그런 '혼란'을 그냥 지켜보기만 했겠는가. 비록 허술하지만 나름 개혁조치를 취했고 이어서 최선을 다해 문제를 해결하려고 했다.

무력과 둔전 사이에서

양진 시대에 크고 작은 전쟁이 빈발했다는 역사적 사실은 진晉이란 한자를 병기와 연결시키지 않을 수 없다. 화살이 두 개 꽂힌 모습의 갑골문 글꼴은 곧 무기와 연관된 뜻임이 분명하다. 무기는 곧 전란을 상징하고 전란은 곧 난세이니 동진 시대의 위대한 문학가 도연명陶淵明[8]이 그의 작품 속에 선명한 은둔사상을 담은 것도 자연스러운 일이었다.

도연명 기념우표.
채국동리하採菊東籬下,
유연견남산悠然見南山.
동쪽 울타리 아래 국화꽃을 따고는
느긋하게 남쪽 산을 바라다 본다.

이번에는 농업과 관련된 측면에서 살펴보자. 농업 문제의 핵심은 토지 제도와 세금인데 이것은 어느 시대를 막론하고 비슷할 것이다. 동한 시기 광무제 유수劉秀[9] 때

---

8 도연명: 동진 시대 문학가. 스스로 오류선생五柳先生이라 칭했다. 후안무치한 정치에 환멸을 느끼고 낙향했다. 그의 작품은 자연과 전원의 아름다움을 즐겨 묘사했다. 「귀거래혜사」, 「도화원기」 등이 대표작이다.

9 유수: 동한의 개국 황제로 25년 제위에 올랐다. 재위 기간 동안 민생이 안정되어 평화를 되찾았다. 한나라가 부흥했기에 역사적으로 '광무중흥'이라 일컫는다. 유수의 시호가 광무光武였다.

부터 시작된 도전제도度田制가 후세에 끼친 영향은 지대했다. 경지 면적과 인구를 정확히 조사하고 대조하여 징세의 근거로 삼은 것이 핵심이었다. 이 제도는 그 당시 사대부 계층에 엄청난 충격을 주었고 그들의 기득권을 침해했기에 시행과정에서 상당한 저항에 직면했다. 그와 동시에 탐관오리들에게도 문서를 위조할 기회를 주었는바, 말하자면 대지주 계층의 실제 경작지는 좁게 기록하고 평민 백성들의 개인 소유 전답 면적은 넓게 기록하여 농민들의 세금 부담을 가중시켰던 것이다.

조위曹魏 정권 시기의 토지 제도는 둔전제[10] 위주로 변했는데 둔전도 군둔軍屯과 민둔民屯의 구분이 있었다. 이 제도도 기득권에 유리하여 일반 농민들의 노동 의욕을 꺾었으므로 초창기에 반짝 효과를 보았을 뿐 그 이후로는 지리멸렬해졌다.

이런 까닭에 양진 시기의 토지정책은 점전제占田制로 개혁되었다. 이 제도의 핵심은 개인이 황무지를 개간하여 농지로 만들면 그 농지는 개인이 소유할 수 있도록 허용했던 데에 있다. 이런 제도 아래 일반 백성과 사대부 계층이 소유할 수 있는 토지 면적의 상한선은 물론이고 과세 표준에 대해서도 명확히 규정할 수 있었다. 예를 들어 법적으로 이렇게 규정했다. "남자는 최대 70무畝, 여자는 30무의 토지를 소유할 수 있다. 정남丁男은 50무에 대해, 정녀丁女는 20무에 대해 과세한다. 차정남次丁男은 그 절반, 차정녀次丁女는 면세한다(남녀 16세 이상 60세까지를 정丁이라 하고, 15세 이하 13세까지, 그리고 61세 이상 65세까지를 차정次丁이라 한다)."

---

10 둔전제: 삼국 시대 조조가 시행했던 토지제도.
국가가 유휴지를 빈농에게 제공하여
경작하도록 하고 수확을 국가와 나누는
방식이었다. 이 제도는 유랑민 문제를
해결하고 국고도 충실히 할 수 있었기에
후세에 지대한 영향을 끼쳤다.

이 제도는 유랑민이 황무지를 개간하고 정착하는 데 상당한 동기를 부여해 주었다. 따라서 불과 수년 사이에 서진 왕조의 호적이 일백 몇 십만 호로 급증했던 것이다. 이와 함께 원근에 따라 차별을 두고 과세를 했는데, 지방정부 및 주변 소수민족에 대해서는 중앙정부로부터 멀수록 세율을 낮게 책정하여 변방의 경제가 발전할 수 있도록 배려했다. 이런 일련의 조치는 중앙정부에 대한 충성심을 유도하려는 것이었다.

그러므로 『진서晉書 · 식화지食貨志』에 이렇게 기록되어 있다. "이즈음하여 세상은 태평했고 과세는 공정했기에 백성들은 본업에 충실했고 삶에 만족했다."[11] 이런 기록이 다소 과장된 감이 없진 않겠지만 점전제가 시행된 이후로 양진 왕조의 어느 한 시기에 사회가 다소는 안정되고 잠깐이나마 번영을 구가했다는 점을 보여준다.

그런데 어떤 정책도 장단점이 있기 마련이다. 특히 봉건시대에 통치계층에게 불리한 제도는 거의 없다고 해도 과언이 아니다. 과세 하나만 봐도 그러하다. 양진 왕조의 징세 제도는 단지 전답의 면적에 따라 과세했을 뿐 개인이 실질적으로 소유한 땅이 규정된 상한선에 달했는지의 여부는 묻지 않았다. 말하자면 개인이 70무까지의 토지를 소유할 수 있다는 것은 그저 행정상의 수치일 뿐 50무에 해당하는 과세만은 무조건 집행했던 것이다. 따라서 해당 연령의 남녀가 실질적으로 농지를 얼마나 소유했든 세금만큼은 규정대로 일률 납부해야 했다. 이런 제도는 선천적으로 문제가 있기에 일단 전면적으로 시행하게 되면 불공평한 일이 빈발한다.

---

11 "是時天下無事, 賦稅均平, 人咸安其業而樂其事."

12 위진 시대 중에서도 특히 건안建安(196~220) 시기의 문인들은 난세에 태어나 인생의 덧없음을 뼈저리게 느끼면서도 현실을 직시하고 호방한 기개로 세파를 헤쳐 나가려는 활력 넘치는 생명력을 보여주었다. 따라서 그들의 작품은 대부분 슬픈 감정이 배어 있으면서도 호탕한 기개가 충만했다. 외롭지만 깊은 맛을 보여주었다. 그러한 시대적 특색을 중국 고전문학사에서는 흔히

공평하든 불공평하든 양진 왕조의 통치자들이 취했던 농업 방면의 조치는 여하튼 진晉과 농작물의 연관성을 보여주는 것이었다. 진晉의 갑골문 글꼴을 무럭무럭 벼가 자라는 모습으로 해독했던 것도 이런 연관성에 기인했다. 이처럼 한자는 단순한 부호가 아니라 역사와 문화를 담고 있음을 거듭 확인할 수 있다.

화제 만발, 위진 풍골

'진晉'에는 무기 및 농작물과 연관된 의미 외에도 양진 시대의 사회문화적 특징이 스며들어 '진晉'이 들어간 한자마다 특별한 뜻을 담고 있다. 예를 들어 '위진魏晉 풍골風骨'이란 단어가 있다. 표면적인 뜻으로는 '위진 시대의 기개氣槪' 정도일 것이다. 그러나 실은 그 당시 주류 시인들의 작품 스타일에 단순히 기개가 있다는 것이 아니라 '비분강개悲憤慷慨하면서도 밝고 힘찬' 정신세계 및 현실주의적 스타일을 지칭하는 말이다.[12] 위진 풍골의 대표 작가로는 조조曹操 삼부자를 비롯하여 공융孔融[13] 등 '건안칠자'[14]가 있다. 한편 '위진풍도魏晉風度'란 단어도 있다. 이 단어에 대해 노신(루쉰)魯迅은 이처럼 요약한바 있다. "약과 술, 자태와 운치."[15] 학자에 따라서는 여기에 '화려한 문장'을 추가하기도 한다. 아닌 게 아니라 뛰어난 문학가를 배출했던 그 시기에 천고의 절창 「광릉산廣陵散」을 연주하며 태연히 형장의 이슬로 사라졌던 혜강嵇康을 위시한

'건안建安의 풍골風骨'이라 부르는데, 유약한 문학 풍조를 비판할 때마다 건안의 '풍골'을 곧잘 인용하는 이유가 바로 그 때문이다. ―역주

13 공융: 동한 시대의 문학가로 공자의 20대 손. 어릴 적부터 신동 소리를 들었으며 커서는 화려하고 아름다운 글로 명성을 날렸다. 당시 상국相國으로 전권을 휘두르던 조조에게

밉보여 살해되었다.

14 건안칠자: 후한後漢 헌제獻帝의 건안 연간(196~220)에 조조 부자 밑에서 활약한 문학 집단 가운데 특히 뛰어난 재자才子 7인을 가리킨다. 공융(자는 문거文擧, 153~208), 완우阮瑀(자는 원유元瑜, ?~212), 서간徐幹(자는 위장偉長, 170~217), 진림陳琳(자는 공장孔璋, ?~217), 응창應瑒(자는 덕련德璉, ?~217), 왕찬王粲(자는

죽림칠현.

'죽림칠현竹林七賢'[16]은 연단술煉丹術에 심취했고 좋은 술에 탐닉했다. 그들은 술을 대하면 노래를 불렀고 세속의 번잡한 예의범절을 무시했다. 그들은 속세를 초월한 풍모와 화려한 시문으로 가슴 깊은 곳의 고뇌와 고통을 가리곤 했다. 그들의 언행과 작품은 후세의 무한한 화젯거리였고 연구대상이었다.

끝없이 이어졌던 전란, 지속성장이 불가능했던 농업, 문학예술의 표면적인 번영 배후에 잠복된 위기 등이 계속 축적되면서 양진 왕조의 몰락을 재촉했다.

양진 왕조 이후 남북조의 난세가 뒤를 이었고, 수隋나라가 일시적으로 중국을 통일했다가 다시 당唐나라가 역사의 무대로 등장한다. 다음 장에서는 수나라의 '수'에 대해 살펴보도록 하자.

중선仲宣, 177~217), 유정劉楨(자는 공간公幹, ?~217) 등이 건안 시기의 문학계를 수놓았다.

15 "藥與酒, 姿容和神韻." 여기서 '약'은 물론 '단약丹藥'으로 그 당시는 장생불사의 영약靈藥으로 여겨 선약仙藥이라 칭하기도 했다. 지금의 '마약' 정도로 봐도 될 듯하다. -역주

16 죽림칠현: 위진 시대에 가장 유명했던 일곱 명의 현인. 완적阮籍, 혜강嵇康, 산도山濤, 상수向秀, 유령劉伶, 완함阮咸, 왕융王戎을 가리킨다. 이들은 또한 당시 현학玄學의 대표적인 인물이었다.

제 7 강 = 수隋 : 답습과 개명 사이

- 수隋와 수隨 중에 더 좋은 것은?
- 수隋에도 좋은 뜻이 있다 : 수후주와 화씨벽
- 수隋와 양견 일족의 관계

황제에 등극한 수 문제隋文帝 양견楊堅은 '수隨'자를 싫어했다. 수隨에는 '따라가다'의 뜻이 있기 때문이다. 그간 무의미하게 이어지는 전쟁에 동분서주했던 양견인지라 그런 글자를 좋아할 리 없었다. 이에 새로운 왕조의 이름을 정할 때 수隨가 아니라 수隋로 할 것을 고집 했다. 수隋라는 글자와 양씨 가문 사이에는 근 2000년에 걸친 답습과 개명의 역사가 있었 다. 그러나 한자 지식에 한계가 있었던 양견은 '수隋'와 타락墮落의 '타墮'는 통용된다는 사 실을 아마 몰랐을 것이다. 그 때문인지 수隋 왕조는 타락하여 요절하고 말았다.

◇◇◇◇◇◇◇◇◇◇◇◇ 양진 왕조 이후 북방 유목민족의 침입으로 약 200여 년에 걸친 남북 대치 국면이 펼쳐졌다. 이를 역사적으로는 남북조 시대라 칭한다.[1] 이른바 남북조 시대는 남조와 북조의 양대 진영이 대치했을 뿐더러 각 진영 내부에서도 세력 다툼이 극심해 새로운 왕조의 등장과 몰락이 마치 주마등처럼 현란했다. 그 시기의 역사 도표를 보면 "사방 가득한 봄꽃에 눈이 점점 어지럽다"[2]고 표현했던 백거이의 시구처럼 정신이 없을 지경이다.

이윽고 581년 북주北周의 여덟 살 황제 우문천宇文闡은 당시 실권자였던 승상 양견에게 제위를 내주었다. 이로써 중국 역사상 또 하나의 통일왕조가 등장했다.

양견은 즉위하자마자 국호를 수隨로 정했다. 양견이 부친으로부터 물려받은 작위가 '수국공隨國公'이었기 때문이다. 그의 부친 양충楊忠은 서위西魏와 북주北周 시기에 귀족 무관이었는데 북주 시대에 '수국공'으로 봉해졌다. 부친이 죽자 양견이 그 작위를 계승했고 그 이후 작위가 추가되어 '수왕隨王'이 되었다. 그러므로 그가 세운 새로운 왕조의 이름으로 수隨를 답습했던 것은 실로 자연스러운 일이었다.

수 문제 양견.

1 북방의 이민족 통일왕조였던
  북위北魏 · 북주北周 · 북제北齊를 북조北朝라
  하고, 남방의 한족 통일왕조였던
  송宋 · 제齊 · 양梁 · 진陳을 남조南朝라 한다.
  이 시기를 합쳐 남북조 시대라 칭한다. -역주

2 "亂花漸欲迷人眼(난화점욕미인안)." 백거이白居易의
  「전당호로 봄 나들이 가서錢塘湖春行」의 한
  구절. -역주

수隨와 수隋 중에 더 좋은 것은?

그런데 희한하게도 양견은 얼마 지나지 않아 수隨를 수隋로 바꾸었다. 독음도 같고 얼핏 보아서는 모양도 같아 보이지만 엄연히 다른 한자였다. 왕조의 명칭을 정하는 것은 황제의 권한이고 또한 황제의 기호에 좌우되는 것을 당연시 여기던 때였다. 다만 수隨를 버리고 수隋를 택했는데, 이는 독음도 같고 뜻도 비슷하고 어원상 관련이 있는 두 글자 사이의 변환이므로 단순한 일은 아니다. 무슨 사연이 있는 것일까? 깊은 뜻이라도 담겨 있는 것일까?

서예 교본에 보이는 수隨와 수隋.

먼저 수隨를 분석하기로 하자. 수隨의 초창기 본뜻은 '따라가다'였다. 현대 중국어 간체자는 '随'이지만 한국이나 대만에서는 '隨'로 쓰고 있다. 수隨의 독

---

3 현대 중국어 발음으로도 'sui'로 같다. -역주

4 'ㄴ' 은 흔히 '책받침'이라 부르지만 이는 '착받침'이 잘못 사용된 것이다. 'ㄴ' 이 부수로 사용될 때 십중팔구 받침 역할을 하기 때문에 위치에 따른 명칭 '받침'을 그 글자의 음 '착'과 결합시켜 '착받침'이라 한 것인데, 오늘날 '책받침'으로 통용되고 있다. -역주

5 "楊堅受封于隨, 及有天下, 以隨从辵, 周齊奔走不寧, 故去辵作隋."

6 "말하자면…… 염증을 느꼈던 것이다." 이 부분의 원문은 다음과 같다. "可见, 杨坚虽然必须于北朝·南朝, 也就是周·齐之间往复征战, 但是他却厌恶这种奔走不定的感觉." 인용문의 '周·齐'는 남북조 시대 북조의 주周와 제齊를 가리키는 듯하다. 북위로부터 분할된 동위東魏와

음은 물론 수隋와 같다.3 의미는 '달릴-착辶(=辵)'에 담겨 있다. 착辶4은 본디 '걸을-척彳'과 '발-지止'의 결합인데(彳+止=辵), 辵(착)이 다른 한자와 결합할 때는 쓰기 편하고 미관상 좋게끔 辶(착)으로 표기했던 것이다. 그러므로 착辶이 붙은 한자는 대개 발과 관련된 어떤 행동이나 동작을 표시한다. 나아갈-진進, 물러날-퇴退, 뒤쫓을-추追, 움직일-운運, 돌아올-환還 등이 모두 그러하다.

수隋가 '따라가다'의 뜻이므로 양견은 '이리저리 분주하게 따라감'은 황제로서 위신이 서지 않는 일이라 생각했다. 그래서 국호를 바꾸기로 결심했다. 아닌 게 아니라『전국책』등 고전의 용례를 봐도 수隋에는 확실히 그런 뜻이 있었다. 또『강희자전康熙字典』의 수隋 항목을 확인하면 이런 내용이 있다. "양견은 '수隋'에 봉해졌다. 황제가 된 후, 수隋에 착辶이 있어 북주北周(=西魏)와 북제北齊(東魏)를 분주히 오가며 힘들었기에 착辶을 빼고 수隋로 만들어 국호로 삼았다."5 말하자면 양견은 동분서주 출정하여 마침내 황제까지 되었지만 그처럼 안정되지 못한 분망한 삶에 염증을 느꼈던 것이다.6

물론 수隋에는 다소 부정적인 뜻이 담긴 것도 사실이었다. 당나라 때 문호 한유韓愈7의 「진학해進學解」에 이런 구절이 있다. "일은 열성을 다해야 정통하고, 건성으로 하면 흐지부지해진다. 행동은 심사숙고해야 이루어지고 부화뇌동하면 망친다."8 번역문에서 '부화뇌동'에 해당하는 한자가 곧 수隋인데, 줏대 없이 대세에 휩쓸리거나 맹종한다는 뜻이다. 또『시경·대아大雅』의 다음 구절을 보자. "시비를 가리지 않고 맹종하지 마라, 불량한 자들을 신중히 경계하라."9 노신(루쉰)魯迅도『서신집書信集·치요극致姚克』에서 이렇게 말한 적이 있

서위西魏인데, 동위를 북제, 서위를 북주라 칭한다. 번역문은 전후 문맥을 감안하여 간단히 의역한 것이다. -역주

7 한유: 당나라 유명 작가로 이른바 당송팔대가의 첫째 인물이다. 그의 제자들이 스승의 작품을 모아『창려선생집昌黎先生集』으로 편찬했다. 한유의 산문 작품은 운문이 교묘하게 배합되어 낭독하면 율동감이 있고 힘이 좋다. 게다가

감정 또한 충만하고 곡절 있게 묘사하여 지금도 독자들이 즐겨 읽는다.

8 "業精于勤荒于嬉, 行成于思毀于隨."

9 "無縱詭隨, 以謹無良."

다. "지금까지 겪은 일이 변화무쌍한데 이 녀석들처럼 음험하고 허위적인 자들이 무척 많았지요."[10] 『시경』과 노신은 같은 단어 '궤수詭隨'를 사용했는데, 옳고 그름을 가리지 않고 남이 시키는 대로 무턱대고 따른다는 뜻이다.

양견은 허수아비 황제 밑에서 실권을 장악하고 국정을 다년간 쥐락펴락한 인물이었다. 그런 그가 남의 말에 부화뇌동하거나 무턱대고 맹종할 리 있겠는가. 하물며 어린 황제를 밀어내고 새로운 황제가 된 그였기에 누가 뭐라고 한들 그다지 좋아 보이지 않는 수隨를 국호로 삼을 리는 없었다.

수隨에도 좋은 뜻이 있다: 수후주와 화씨벽

하지만 수隨에 꼭 안 좋은 뜻만 있었던 건 아니다. 중국어 단어에 '수화(隨和, 随和, suí·he, 쉐이허)'가 있다. '원만하다, 부드럽다, 상냥하다' 등의 뜻이다. 이 단어는 대부분 상대방을 칭찬하는 말로 사용된다. 게다가 이 단어에는 고사가 담겨 있다. 춘추전국 시대 아주 귀한 두 점의 보물을 가리키는 용어였기 때문이다. 한 점은 전설적인 화씨벽和氏璧이고, 또 한 점은 화씨벽과 쌍벽을 이룬 수후주隨侯珠였다. 『회남자』[11]의 다음 구절을 보자. "수후隨侯의 주옥珠玉과 변화卞和의 벽옥璧玉은 그것을 얻은 자는 부유해지고, 잃은 자는 가난해진다."[12] 보물의 앞 한 자씩을 따서 수화隨和라 칭한 것도 이 때문이다.

'수화'는 희귀한 보물이므로 흔한 물건이 아니듯 사람 중에도 고결한 인격

---

10 "歷來所遇, 變化萬端, 陰險詭隨如此輩者甚多."

11 『회남자』: 한나라 때 회남왕 유안劉安이 휘하 학자들을 소집하여 편찬한 저서이다. 『회남자』의 기본적인 흐름은 도가 사상이지만 제자백가 사상을 통합한 저술이다.

12 "隨侯之珠, 卞和之璧, 得之者富, 失之者貧."

13 허유: 요 임금 시절의 전설적인 현자. 요 임금이 제위를 물려주려고 하자 도망쳤다고 한다. 요 임금이 제후에 봉하고 관직을 제수하려 한다는 소식을 듣자 영수潁水로 달려가 두 귀를 씻기도 했다. 세속의 명예와 권세가 깨끗한 귀를 오염시켰기 때문이다. 중국 역사상(?) 전설적인 무균질 인격체의 한 명이다.

과 탁월한 재능을 구비한 인물은 드문 법이다. 따라서 '수화'로써 그런 인물을 비유하기도 했다. 사마천은 「보임소경서報任少卿書」에서 이렇게 말했다. "저처럼 이미 궁형을 받아 망가진 자는 설령 '수화'처럼 드문 재주에 허유許由[13], 백이伯夷[14]처럼 고결한 품행이어도 자신을 자랑스럽게 여길 수는 없습니다."[15] 궁형이 사마천에게 얼마나 큰 상처를 주었는지 알 수 있다. 자신의 품행이 '수화'처럼 귀하고 허유나 백이처럼 순수해도 이미 망가진 몸이기에 자존감을 상실했노라 고백하고 있는 것이다.

벽옥璧玉.

'수후주'는 수隋나라의 근원 및 선조와 끊으려야 끊을 수 없는 복잡미묘한 관계가 있는 만큼 조금 깊게 살펴볼 필요가 있다.

수후주隨侯珠는 수후주隋侯珠로 쓰기도 한다. 춘추 시대 수후隨侯('수'라는 제후국의 군주)가 세상에 하나뿐인 야광주夜光珠를 얻었다고 하여 그리 명명한 것이다. 『수신기搜神記』란 책에 따르면 이러하다. "직경이 1촌寸은 족히 되었고 순백색이며 밤이면 발광하여 방안을 훤히 밝혔다."[16] 이 야광 구슬이 밤에 방안을 밝힐 정도였다니 크기와 품질이 얼마나 대단했는지 짐작된다.

수후는 염제炎帝의 후손으로 본디 희姬 성이었다. 전설

---

14 백이: 상나라 말기 제후국의 하나인 고죽군孤竹君의 왕자였는데 왕위를 계승하기 싫어 동생 숙제叔齊와 함께 도주했다. 그 뒤 주 무왕武王이 상 왕조의 폭정에 항거하여 반기를 들었고 마침내 상을 멸하고 새로 주 왕조를 세웠다. 상 왕조의 일개 제후국이던 주周가 종주국 상 왕조를 공격한 것은 신분상 '하극상'으로 있어서는 안 될 일이라 개탄했다. 이에 주 왕조 치하에서 살고 싶지 않다며

버티다가 굶어죽었다.

15 "若僕大質已虧缺, 雖材懷隨和, 行若由夷, 終不可以爲榮."

16 "徑盈寸, 純白而夜光, 可以燭室."

에 따르면 수후가 어느 날 유람에 나섰다가 큰 뱀 한 마리가 심하게 다친 채 길가에서 신음하는 것을 보았다. 수후는 측은한 마음에 측근을 불러 약을 바르고 상처를 잘 싸매어 풀밭으로 옮기라 명했다. 그런 뒤 어느 날 뱀이 야광주를 입에 물고 수후의 거처로 찾아와 아뢰었다. "저는 용왕의 아들이온데 그때 살려주신 은혜에 보답하고자 뵈러 왔으니 이 구슬을 받아주십시오." 신령스런 뱀이 가져온 구슬이라 하여 신령-영靈, 뱀-사蛇, 구슬-주珠, 곧 영사주靈蛇珠라 칭하기도 했던 '수후주'다.

수후의 명칭은 당연히 봉해졌던 지역과 관련이 있다. 그렇다면 어떻게 봉해진 것이며, 그 봉지封地는 구체적으로 지금의 어디쯤인가?

이 문제를 파악하려면 주 왕조 시절로 거슬러 올라가야 한다.

서주西周의 발원지는 섬서성이다. 주 무왕武王이 상 왕조를 멸하고 주나라를 세웠지만 새로운 왕국의 동남쪽에는 '동이東夷'라 불린 초楚 지역이 있었는데 이 일대가 불안하여 항상 마음에 걸렸다. 이에 '초' 지역을 안정시키고자 "제후를 심어 왕실을 보위"[17]하는 전략을 구사했다. 말하자면 불안정한 지역에 제후국을 세워 격리시킨다면 그 지역에 잠복된 불안요소가 주 왕실까지 파급되지 않을 것이기 때문이다.

이런 개념으로 주나라 천자는 한수漢水 이동 및 이북 그리고 양자강과 회수淮水 사이에 지속적으로 희 성 왕족과 공신을 제후로 심었는데, 수후도 그중 하나였다. 그런데 한수 동쪽의 이른바 희 성 제후국 중에 수후의 나라, 곧 수국隨國은 제일 큰 제후국이었다. 역사 기록에 따르면 수국에는 계량季梁[18]이라는

---

17 "以藩屏周." 직역하면, 울타리로써 주(왕실)를 막아준다. -역주

18 계량: 춘추 시대 수隨나라의 정치가이자 사상가. 그로 인해 수나라는 한때 강력한 제후국으로 부상하기도 했다. 계량은 죽어 지금의 수주시隨州市 동쪽 교외 의지강義地崗에 묻혔다. 그곳에 계량의 묘와 함께 그의 사당이 있다.

지혜와 능력을 겸비한 전략가가 있었는데, 이는 인근 초나라 입장에서 대단히 위협적인 일이었다.

　물론 그 수국은 결국 초나라에 망하고 말았다. 하지만 수隨라는 지명과 그 지명으로부터 유래된 성씨는 계속 전해졌다. 한편 여와女媧가 구멍 난 하늘을 기웠다는 그 전설의 시대에 수隨라는 인물이 있었는데 그 인물로부터 수隨 성이 비롯되었다는 주장도 있다. 근원이야 어쨌든 간에 수隋 왕조 명칭의 유래를 추적하면 양견의 부친이 봉해졌던 수국공隨國公을 거쳐 약 2000여 년 전으로 거슬러 올라간다는 이야기가 되겠다.

　직접적인 자료가 부족하여 장담할 순 없지만 일부 간접적인 자료를 비교 검토하면 양견의 성씨는 제후국이던 '수국'과 연관됨을 부인할 수 없다.

수隨와 양견 일족의 관계

　도당씨陶唐氏[19]의 후예 중 두백杜伯의 현손으로 사회士會란 이가 있었다. '사회'는 춘추 시대 진晉나라에서 사대부의 벼슬을 하며 수隨라는 곳을 식읍으로 삼았기에 '수회隨會'라고도 칭했다. 그가 봉해진 지역은 지금의 산서성 개휴시 介休市 동쪽인데, 그 후손들이 그곳에 남아 계속 살았으며 성도 모두 수隨였다. 세월이 흘러 세상이 수隋나라로 변하자, 성이 수隨였던 그들도 관례에 따라 수隋로 바꾸었고, 그로부터 현재 수隋 성의 주류가 되었다.

---

19 도당씨: 요 임금을 가리킨다. 요 임금은
처음에 '도陶' 지역에 봉해졌다가 훗날 '당唐'
지역으로 옮겼기에 '도당씨' 혹은 '당요唐堯'라
부른다.

이상을 통해 다음 사실을 알 수 있다.

첫째, 수隨와 수隋는 고대에 통용되었다. 대부분의 경우 호환되었다.

둘째, 수隋 성 일파 중에 일부는 산서성 지역에 거주했다. 그런데 『세본世本』[20] 이란 책에 따르면 수국隨國의 선조는 원래 분수汾水 유역에 거주했는데 그 뒤로 주나라 소왕昭王과 목왕穆王 시절에 이르자 초나라를 계속 공격하면서 강회江淮[21]와 한수漢水 사이로 이주했다.

상기 자료는 고대 수국과 수隋 성의 역사를 말해주는데, 이것이 양견의 일족과 무슨 관계가 있을까?

수 왕조의 건국자 양견의 원류를 살펴보도록 하자. 역사 기록에 따르면, 양楊 성의 선조는 주나라의 희姬 성까지 거슬러 올라간다. 양 성의 시조는 기원전 700여 년 전에서 기원전 677여 년 사이에 진晉나라 군왕이 되었고, 당시 진나라 제2의 도시 곡옥曲沃을 도읍지로 삼았다. 지금의 산서성 문회聞喜 일대다. 그의 아들로 진 헌공晉獻公 궤제詭諸와 백교伯橋가 있었고, 궤제의 아들 가운데 중이重耳는 춘추 시대 풍운아로 진 목공秦穆公이 사위로 삼으려고도 했다.

위에서 언급한 백교가 바로 양 성 후손들이 족보를 편찬할 때마다 시조로 모셨던 인물이다. 그러니 백교의 후손 가운데 일파가 곧 수隋 왕조 양씨인 것이다.

양웅은 서한 시기 문학자이자 언어학자다. 그가 굴원을 추모하고자 지은 작품 『반이소反離騷』[22]에 이런 구절이 있다. "끊임없이 이어지는 주씨周氏여, 분수汾水 유역의 비조가 되었는가? 신령스런 시조는 백교이니, 양씨 가문까지 이어

---

20 『세본』: 세世는 세대 계보를 뜻하고 본本은 기원을 뜻한다. 이 책은 선진先秦 시대의 어느 사관이 편찬했다고 전한다. 상고 시대의 제왕 제후 및 경대부 등 명문가의 계보를 기록했다.

21 강회는 양자강 및 회하淮河(혹은 회수) 일대로 크게 보면 양자강 이남 및 회하 이남을 가리켜 넓은 의미의 강남 지역이다. 그러나 좁은 의미로는 양자강과 회수 사이 지역을

가리키며 지금의 강소성·안휘성 중부 지역에 해당한다. 좁은 의미의 강회 지역은 양자강과 회하 충적평원인데 대부분 해발 10미터 안팎의 저지대이며 도처에 호수가 많아 물길이 종횡으로 연결되어 있다. -역주

졌구나."[23]

　이 내용으로부터 두 가지의 기본적인 정보를 얻을 수 있다.

　첫째, 원문의 '선언蟬嫣'은 '끊임없이 줄곧 이어지는 모습'을 가리키므로, 양씨의 시조는 주씨까지 거슬러 올라가며, 주씨의 시조는 황제黃帝이므로 중화 민족의 정맥에 닿는다는 것이다. 둘째, 원문의 '분우汾隅'는 분수 유역이란 뜻인데 양씨 선조가 분수 일대에 거주했다는 것이다. 그런데 분수는 산서성을 흐르는 강물로 지금의 영무현寧武縣에서 발원하여 하진시河津市로 모여 황하로 흘러든다. 수국의 선조들이 분수 유역에 거주했다는 사실을 위에서 언급하지 않았는가. 그렇다면 양씨는 수국 왕실과 끊으려야 끊을 수 없는 관계인 것이다. 양견 일족이 국호를 정할 때 수隋를 택한 것도 이런 배경이 작용했으리라 예상할 수 있다.

　한편 양씨들이 산서성 지역에 오래 거주했고 또한 그에 따라 영향력도 막강했기에 지금의 산서성 홍동현洪洞縣은 원래 이름이 양현楊縣이었다. 그런데 당나라를 세웠던 이연李淵이 태원太原에서 군사를 일으켰을 때, 전설에 따르면 우연한 기회에 양현을 지나게 되었다. 양현이란

양씨의 시조인 백교.

---

22 『반이소』: 서한 문학가 양웅이 굴원을 추모하고자 지은 작품이다. 불행했던 굴원의 삶을 동정하면서도 노장 사상에 입각하여 굴원이 속세에 연연했다고 책망하기도 했다. 명철보신明哲保身을 지향하는 작가의 인생관이 반영되어 있다. '명철보신'이란 현명하게 처신하여 몸을 온전히 보전한다는 뜻.

23 "有周氏之蟬嫣兮, 或鼻祖于汾隅; 靈宗初諜伯橋兮, 流于末之揚侯."(諜은 牒과 통용, 揚은 楊과 통용)

지명은 수 왕실의 성씨가 양씨이니 극복해야 할 대상이 아니겠는가. 이에 이연은 즉시 지명을 바꾸도록 명하여 '양현'이 '홍동'으로 변했다는 것이다.

하긴 이처럼 제왕의 개인적인 호오에 따라 혹은 피휘避諱에 따라 명칭을 변경했던 사례가 중국 역사에 비일비재했다. 흥미로운 점은 양견이 수隨를 수隋로 변경했다고 하지만 사실 수隋 자체의 뜻으로 보자면 이것도 그다지 좋은 뜻이라 할 수는 없다.

수隋를 글꼴 그대로 분석하면 제사를 지내고 남은 제수 음식이나 쓰레기를 뜻하기 때문이다. 게다가 수隋의 독음 중에는 '타'도 있는데, 이 '타'는 타락墮落의 '타'에 해당한다. 옛 문헌에서 수隋는 종종 타墮의 뜻으로 쓰였던 것이다. 이런 식으로 해석하게 되면 수 왕조의 타락이나 추락을 다분히 예견할 수 있는 국호였다고 후세 사람들이 조롱할 수도 있지 않겠는가.

여하튼 수 왕조는 휘황찬란했던 단명 왕조이다. 마치 혜성처럼 나타나 밤하늘을 가로지르다 순식간에 떨어져 만길 심연深淵으로 사라지듯 말이다. 심연으로 사라졌다니 말인데, 심연의 '못-연淵'에 주목하여 또 이런 우스갯소리도 있다. 이연李淵의 손아귀에 떨어졌다는 농담이 그것이다. 그렇다면 이연이 새롭게 건국한 왕조를 당唐이라 칭한 까닭은 무엇일까? 다음 장에서는 그 의문을 풀어보기로 하자.

제 8 강 = 당唐: 세계국가의 웅대한 포부와 풍모

― 당唐의 초창기 본뜻

― 현장의 구도 여행과 찬란한 당나라 문화

― '당'과 이연 집안의 관계

― 세계 각지의 당인가(차이나타운)

이연李淵은 봉지封地와 시조를 감안하여 새로운 왕조의 이름을 '당唐'으로 정했다. '당'에는 '넓고 크다', '매우 겸허하다' 등의 뜻이 있다. 이런 뜻이 담겨 있기에 당나라는 세계국가[1]로서의 웅대한 포부와 풍모를 보여주었다. 당시唐詩, 곧 당나라 시가는 중국 문화사에 무척 선명한 이미지로 각인되어 있으며 당삼채唐三彩, 당복唐服(당나라 스타일의 복장), 당인가唐人街(차이나타운) 등도 당나라 때 전성기 및 전통문화의 대표적인 상징이 되었다.

1 세계국가란 옛 중국인들이 '세계'를 '천하'라 했으므로 '천하국가'와 같은 개념이다. 고대 로마 제국이나 페르시아 혹은 중국의 한나라나 당나라처럼 '세계국가' 혹은 '천하국가'란 그 당시 사람들의 머릿속에서 생각하는 인류 전체를 하나로 보고 중앙에서 지방으로 주권을 분할하는 게 아니라 위임하는 국가를 가리킨다. 당시의 관념을 적용할 때 무릇 '세계국가' 혹은 '천하국가'란 하늘 아래 오로지 통치권의 순서만 있을 뿐이지 국경선은 존재하지 않았다. -역주

이연李淵의 자는 숙덕叔德이며, 남북조 시대 북조의 관롱關隴[2] 지역 귀족이었다. 어머니는 수 양제 생모의 친언니였다. 일곱 살 되던 해, 아버지의 작위 '당국공唐國公'을 물려받았다. 617년 병사를 이끌고 산서성 태원에서 쿠데타를 일으켜 장안長安을 점령했고 이듬해 618년 5월 황제에 올라 국호를 당唐이라 정했다.

당나라 국호는 이연이 봉해졌던 당국공과 관련됨은 물론이다. 하지만 당국공이 당나라와 무슨 연관이 있을까? '당'이란 글자에는 또한 어떤 뜻이 담겨 있을까? 이제 그런 문제를 하나씩 풀어보도록 하자.

당나라 고조 이연.

당唐의 초창기 본뜻

'당'은 지역의 명칭이지만 한자 자체의 기본적인 의미로는 다음 두 가지 뜻이 있다. 첫째, 큰소리나 헛소리를 뜻한다. 속된 말로 '뻥'을 뜻했다. 둘째, '뻥'이라는 뜻에서 '크다(큰-대大)' 혹은 '비었다(빌-공空, 빌-허虛)' 등의 뜻이 나왔다.

큰소리나 헛소리라 함은 폄하하는 말이므로 좋지 않은 뜻이다. 당나라를 세운 자들도 '당'의 기본적인 뜻에 그런 의미가 있다는 것을 몰랐을 리가 없다. 따라서 그들이 첫째 뜻으로 국호를 정했을 리는 만무하다.

둘째 뜻의 '크다'는 물론 좋은 의미다. 따라서 그들이 국호로 정한 이유 중

---

2 관롱이란 관중關中과 감숙성甘肅省의 동부 지역을 합쳐 부르는 말. 지금도 감숙성을 줄여 롱(농)隴으로 표기한다. 진시황 26년(기원전 221) 그 일대에 농서군隴西郡을 설치한 데서 유래했다. —역주

하나였을 것이다. 후세 사람들이 당나라를 언급할 때마다 흔히 대당제국大唐帝國이라 부르곤 한다. 대당제국의 '대당'이란 '큰[대大] 당나라란 뜻이다. 그러므로 대당제국이란 말에는 곧 광활한 영역, 웅대한 기세나 포부 등이 자연스레 드러나고 있다. 그런데 '비었다(空이나 虛)'의 뜻도 있다는 것은 얼핏 이해하기 힘들다. 왜냐하면 '비었다'는 것은 쓰잘머리 없다든가 공허하다는 뜻이 연상되기 때문이다. 하지만 옛 사람들은 '허이다수虛而多受'라 하여 '비워야 더 담을 수 있다'며 비우기를 권고하지 않았는가. 중국어 성어에 '허회약곡虛懷若谷'이란 말도 있다. 겸허한 마음이 산골짜기처럼 깊다는 것이니 매우 훌륭한 인격을 비유한다. 이런 각도에서 볼 때 '비었다'는 뜻의 '당'을 왕조 이름으로 삼았다는 것도 그런대로 이유가 된다고 볼 수 있다.

현장의 구도 여행과 찬란한 당나라 문화

당나라가 이민족이나 외국과 문화적으로 교류했던 사실만 봐도 위와 같은

명청明淸 소설 「서유기」.

섬서성 서안 대안탑大雁塔 현장玄奘 동상.

면모를 충분히 알 수 있다. 당나라는 그 당시 강대국이었지만 다른 문화를 허심탄회하게 받아들이는 포용력 또한 대단했다. 이러한 점을 누구나 다 아는 『서유기西遊記』를 가지고 이야기해보자. 이 소설은 세 명의 제자를 거느리고 여든한 개의 난관을 뚫으며 마침내 인도에 도착해 불경을 구해오는 고승의 이야기다. 고승은 삼장법사 당승唐僧인데, 그 원형은 당나라 때 대표적인 문화 사절이며 중국 불교사에서 가장 위대한 불경 번역가 현장玄奘이었다.

현장(602~664)은 13세에 출가했다. 28세 되던 해인 629년, 장안을 출발하여 천신만고 끝에 천축天竺에 도착했다. 천축은 지금의 인도다. 현장은 천축에 머물며 석가모니의 유적을 순례했고 고승을 찾아 불법을 배웠다. 그와 함께 불경을 수집하여 마침내 645년 장안으로 돌아왔다. 현장이 가져온 불경 원전은 657부에 달했다. 현장은 제자들과 10년 동안 75부 1335권을 중국어로 번역했다. 현장은 그 밖에도 『대당서역기大唐西域記』 12권을 저술했다. 그가 인도를 오가며 직접 겪었던 100여 개국 및 간접적으로 들었던 수십 개국의 산천·풍물·습속 등을 기록한 것이다. 그러므로 이 책은 단순한 여행기가 아니라 외국 문화를 중국에 소개한 획기적인 저서였다.

이제 '당'의 유래를 본격적으로 탐색하기로 하자. 지역의 명칭으로서 '당' 그리고 당나라 황실의 성씨 '이李'로부터 이야기를 시작하자.

'당'과 이연 집안의 관계

이연이 '당국공'에 봉해졌다는 사실은 앞서 언급했다. '당국공'이란 '당국唐國'의 공公이니, 당국은 언제 세워진 제후국이며 그 배후에는 어떤 사연이 있는지 우선 확인하자.

역사 기록에 따르면, 은상 왕조와 주周 왕조 시절에 모두 '당'이란 이름의 제후국이 있었다. 지금의 산서성 남부에 위치했는데 나중에 진국晉國으로 바

---

3 주 문왕文王 희창姬昌의 넷째 아들이며 무왕武王의 동생이다. 무왕이 은상의 마지막 왕 주紂를 정벌할 때 전략을 짰다. 무왕이 죽자 무왕의 어린 아들 성왕을 보좌하여 섭정했다. 왕위를 찬탈하려 한다는 소문이 무성했으나 성왕이 장성하여 정무를 능히 처리할 나이가 되자 지체 없이 자리에서 물러났다.

4 주공: 성은 희姬, 이름은 단旦, 식읍이 주周(지금의 섬서성 보계寶鷄)에 있었고 작위가 상공上公이었기에 주공이라 칭했다. ―역주

5 『공자가어』: 공자 일생의 언행을 기록한 책이다. 한나라 때부터 여러 사람의 손을 거치며 편집되다가 삼국 시대 왕숙王肅이 27권으로 정리하여 완성했다. 현재 우리가 보는 책은 10권만 남았다.

꿰었다.

　그런데 주 왕조 시절 '당국'을 봉하는 과정에서 오동잎으로 아우를 봉했다는 일화, 곧 '동엽봉제桐葉封弟'의 고사가 전해진다. 스토리는 대략 이러하다. 당시 주 왕실의 천자는 어린 성왕成王이었기에 작은아버지 주공周公3/4이 보좌하고 있었다. 어느 날 성왕은 옥규玉圭처럼 생긴 오동잎을 하나 뜯어 아우 숙우叔虞에게 건네며 말했다. "너에게 '당국'을 봉해줄게." 숙우가 자리를 뜨자 주공이 물었다. "언제쯤 숙우에게 당국을 봉할 예정이온지요?" 성왕은 대수롭지 않게 대답했다. "장난친 건데요." 주공은 엄숙한 표정으로 말했다. "천자는 빈말을 하지 않습니다. 입 밖에 낸 말은 반드시 지켜야 합니다." 성왕은 점차 나이가 들어가면서 왜 주공이 그렇게 비판했는지 깨닫게 되었다. 성왕은 장난 삼아 했던 말을 결국 지켜서 숙우에게 '당국'을 봉해주었다. 이런 일로 해서 숙우는 훗날 '당숙우唐叔虞'로 불리게 되었다.

　그런데 이것이 '당국'의 원조는 아니었다. 『공자가어孔子家語』5나 『좌전左傳』 등의 문헌에 『상서尚書6·하서夏書』를 인용한 구절이 있는데, 그중에 이런 내용이 있다. "저기 도당씨陶唐氏여, 하늘의 도리를 따랐기에, 여기 기방冀方을 차지했구나."7 여기서 도당陶唐은 상고 시대 요 임금의 봉지 명칭이다. 요 임금은 처음에 '도陶' 지역에 봉해졌는데 지금의 산동성 정도현定陶縣 일대였다. 그 뒤로 다시 '당唐' 지역으로 옮겼기에 '도당'이라 부른다. 한편 기방이란 어디일까? 학자들의 연구를 종합하면, 『상서·하서·우공禹貢』에 보이는 기주冀州를 가리킨다. 물론 일부 학자는 고대 지리학 명저 『괄지지括地志』8에 근거하여 아

---

6 『상서』: 진秦나라 이전의 문헌을 수집하여
　정리한 책이다. 진나라 이전 역대 왕조 군신
　간의 대화 및 언행이 주요 내용이다.

7 "維彼陶唐, 率彼天常, 在此冀方."

8 『괄지지』: 당나라 때 편찬된 지리학 대작이다.
　당나라 시기 행정구역 및 지리 개황을
　반영하고 있다. 당나라 이후 역사지리를
　연구하는 데 귀중한 자료다.

예 구체적으로 산서성 임분시臨汾市 익성현翼城縣이라 주장하기도 한다.

이렇게 본다면 우선 '당국'의 역사는 상고 시대 요 임금까지 거슬러 올라간다고 볼 수 있다. 이어서 '당국'의 소재지는 그간 변동이 있었지만 기본적으로 산서성을 벗어나지 않았다. 이것으로 이연이 산서성 태원에서 군사를 일으켰던 일이며 또한 그전에 '당국공'에 봉해졌던 역사와 연장선에 있다는 느낌이 들지 않는가?

이번에는 당나라 황실의 성씨인 '이李'의 유래에 대해 살펴보도록 하자.

가족이나 집안의 시조를 거슬러 올라가면 재미있는 사실을 발견할 수 있다. 자잘하게 분산된 여러 갈래로부터 점차 큰 갈래로 모이는데, 이런 갈래들이 계속 모이고 합쳐진 결과는 어떠한가? 현실에서는 그렇게 멀어 보여 전혀 관계없던 사람들이 원래는 같은 조상이었다는 사실이 놀랍지 않은가? 더욱 웃기는 것은 어떤 이의 외할아버지와 친할아버지가 한 분은 남쪽 끝에 살고 한 분은 북쪽 끝에 살지만 알고 보니 500년 전에는 한집안이었다는 이야기다. 그렇다면 그 어떤 이의 아버지와 어머니는 그야말로 다음 속담의 산 증인이 아니겠는가. "500년 전에 고개 돌려 되돌아봤던 뜻은 이생에 만나 맺어지려는 인연이었어라."[9]

서두가 길었던 이유는 다름이 아니다. 이씨의 선조를 추적해보니 진시황의 선조인 영嬴씨에서 갈라져 나왔음을 발견했기 때문이다. 게다가 이씨의 선조는 진晉 왕조의 황실 사마씨司馬氏와 함께 모두 오제의 하나인 고양씨 전욱의 후예임을 추적할 수 있었다. 하늘 높이 솟은 아름드리 거목도 시작은 물론 씨

---

9 "五百年前的回眸, 只是为了今生的聚首."

앗에서 비롯되어 움이 트고 싹이 자란 것이다. 뿌리와 줄기는 같지만 줄기에서 새로운 가지가 부단히 뻗어 나온다. 그렇다면 전욱 이후로 이씨의 갈래는 어떻게 뻗어 나갔을까?

문헌에 따르면 요 임금 시절에 전욱 부락은 이미 여덟 개의 씨족으로 발전했는데, 그중 한 씨족의 리더가 고요皐陶였다. 고요는 요 임금 시절에 대리관大理官을 맡았는데 사법 업무를 총괄하는 자리였다. 고요의 후손들은 가업을 이어 줄곧 사법 업무를 관장했다. 이 일파의 자손들은 점차 직업을 성씨로 삼아 이理씨로 행세하기 시작했다. 다시 세월이 흘러 은상殷商 시대가 되었다. 은상 시대 말기 이징理徵이란 대신이 있었다. 그는 직언을 서슴지 않다가 폭군 주왕紂王에게 밉보여 살해된다. 이징의 아내 계화씨契和氏는 어린 아들 이리정理利貞을 데리고 도망쳤는데 도중에 허기질 때마다 '이자李子'로 요기하며 버텼다. '이자'는 과일로 자두이다. 살아남으려면 신분을 숨겨야 했기에 성명도 바꾸었다. '이자' 덕분에 살아났기에 이李를 성씨로 삼았다.

그렇다면 이李씨 선조는 요 임금의 봉지였던 '당국'에서 요직에 있었으며 상당 기간 그 직책을 이어나갔다. 따라서 이씨와 '당'은 상고 시대부터 이미 긴밀한 인연이었던 것이다.

물론 또 다른 유래도 있는데, 그것은 '이리정'의 후손으로서 도가 사상의 창시자로 알려진 노자老子도 있다는 것이다. 노자는 이이李珥이므로, 후세의 이씨는 노자로부터 나왔다는 것이다. 그렇다면 노자야말로 이씨의 실질적인 시조라고 하겠다.

문화 교류.[10]

　이상으로 보면 이연의 이씨 일족은 뭔가 문화적인 전통이 있는 가문인 것도 같다. 그런 탓인지 지금도 중국인들은 당나라 문화를 자랑스러워하고 있지 않은가. 당시唐詩는 중국 고전문학의 빛나는 성과이며 당삼채唐三彩 · 당복唐服 등도 중국 고전문화의 성황을 보여주고 있다. 당나라 문화는 중국의 자랑일 뿐만 아니라 세계문화유산으로서 인류문화의 소중한 자산이 되었다.

　이와 함께 수천수만의 중국인들이 세계 각지로 이주하여 살아가고 있다. 그들을 일컬어 '화교'라 한다. 화교들은 몸이 비록 타향에 있지만 피는 물보다 진하듯 중국을 그리워하며 고향이나 조국을 당산唐山이라 부른다. 예를 들어 임청현(린칭쉬엔)林淸玄[11]은 『고향의 물과 흙故鄕的水土』에서 다음과 같이 술회했다. "어머니는 또한 저한테 이렇게 말씀하셨다. 이것은 우리 복건성 남부 사람들

10 당나라 염립본閻立本의 〈보연도步輦圖〉.
　토번吐蕃 사절 녹동찬祿東贊이 당 태종을
　알현하는 장면. -역주

11 임청현: 대만 작가이며 산문으로 유명하다.

12 "媽媽還告訴我, 這是我們閩南人的傳統,
　　祖先從唐山過台灣時, 人人都帶着故鄕的泥土."

13 진목: 중국 작가.

14 "南军北军总在打仗, 唐山总没有个安宁的日子."

의 전통이란다. 우리 조상님들이 당산唐山에서 대만으로 건너올 때 모두 고향의 흙을 한줌씩 가지고 왔단다."[12] 또한 진목(친무)秦牧[13]은 『황금해안黃金海岸 · 50년의 풍파五十年的滄桑』에서 이렇게 말했다. "남쪽 군대와 북쪽 군대가 늘상 싸우느라 당산唐山은 하루도 편할 날이 없었다."[14]

세계 각지의 당인가(차이나타운)

외국에 거주하는 중국인들은 대부분 그 나라의 당인가唐人街라 불리는 지역에 모여 살며 중국 문화를 유지한다는 점이 이채롭다. 차이나타운의 역사는 수백 년이 넘었다. 1673년 청나라 작가 납란성덕納蘭性德[15]이 『녹수정잡지淥水亭雜識』에서 이렇게 기록하기도 했다. "일본에는 당나라 때 처음으로 중국인들이 건너가 정착했는데, 거류지를 가리켜 '대당가大唐街'라 칭했다. 지금은 길이가 십 리나 된다."[16]

1872년 청나라 관리 지강志剛이 『초사태서기初使泰西記』에서 이렇게 기록했다. "샌프란시스코는 각국 무역의 중심지인데 중국 광동성 출신들이 이곳에 모여 무역하는 자들만 수만 명에 달한다. 점포 건물은 모두 서양인들로부터 임대했다. 외국인들은 그 지역을 당인가라 부른다."[17]

외국에 거주하는 중국인이나 화교가 갈수록 많아지고 있다. 따라서 차이나타운은 더욱 많아지고 번창할 것이다. 세계 각지의 화교들이 뿌리를 잊지 않

---

15 납란성덕: 청나라 정치가 · 문학가 · 학자. 강희 황제 시절의 고관이었던 납란명주納蘭明珠의 아들이다. 어릴 적부터 총명하여 명성을 날렸으며 훗날 창작한 시사詩詞 중 멋진 구절들이 지금도 독자들 사이에서 애송되고 있다.

16 "日本, 唐時始有人往彼, 而居留者谓之'大唐街', 今且长十里矣."

17 "金山(指美国的旧金山)为各国贸易总汇之区, 中国广东人来此贸易者, 不下数万. 行店房宇, 悉租自洋人, 因而外国人呼之为'唐人街'."

당인가唐人街(차이나타운).

고 중국 문화를 계승 발전시켰으면 하는 마음이다. 몸은 비록 이국 만리타향에 있지만 건강하고 행복하길 진심으로 빈다. 이에 불현듯 시 한 수를 읊조리고 싶어진다. "撫今常思華夏月, 追昔尤嘆唐宋風(무금상사화하월, 추석우탄당송풍)." 한글로 옮기면 대략 이런 뜻이다. "지금을 생각하면 고국故國의 달빛이 항상 그립고, 과거를 회고하면 당송唐宋의 풍모에 더욱 탄복한다."

당송唐宋. 당나라와 함께 자주 거론되는 송宋나라. '송'은 무슨 뜻이고, 그 이면에는 어떤 이야기가 담겨 있을까? 다음 장에서 살펴보도록 하자.

제9강 = 송宋: 평화로운 세상을 위하여

— 옛정이 돈독했던 조광윤

— '송'은 '안정'을 뜻했다

— 송사宋詞가 싹트다

— 송판宋版의 서적과 송체宋體의 글꼴

송宋이란 한자는 '정착定着, 안거安居'를 뜻함과 동시에 '정원에 나무를 심다'의 뜻이 있다. 조광윤이 '송'을 국호로 삼은 이유는 옛정을 잊지 않았던 돈독한 성품 때문이기도 하지만 그와 동시에 평화로운 세상이 되기를 염원했기 때문이다. 거나한 술자리에서 무장들의 병권을 포기하게 하고, 문관을 중용하여 국가를 경영했으며, 인구·징세·과학기술 등 다방면에 걸친 일련의 조치는 그가 치국의 근본으로 삼았던 '숭문경무崇文輕武' 정책과 완전히 일치한다.

주전충.

◇◇◇◇◇◇◇◇◇◇◇◇ 만물이 절정에 이르면 이내 내리막길로 접어든다는 도리를 우리는 잘 알고 있다. 이런 도리는 특히 중국 역사를 보면 분명해진다. 대당제국도 전성기를 구가하고는 여지없이 쇠락의 길로 빠졌다. 환관의 전횡, 번진藩鎭[1]의 할거, 당파 싸움 등으로 국정이 문란해졌고 이에 살기 힘들어진 백성들마저 봉기하자 당나라도 붕괴하지 않을 수 없었다. 마침내 907년 당나라의 대신 주전충朱全忠이 황제를 밀어내고 후량後梁을 세우면서 중국 역사상 또 한 차례의 난세, 이른바 오대십국五代十國[2]이 시작되었다.

오대십국 시기는 중국 역사상 난세 중에서도 난세로 꼽힌다. 대다수 중국인의 의식 속에서도 이 시기는 질서가 무너져 갈피를 잡을 수 없었던 혼란의 시기로 기억되고 있다. 오죽했으면 송나라 때 대문호 구양수歐陽脩가 『신오대사新五代史』를 편찬하며 이렇게 탄식했을까. "맙소사, 오대五代는 엉망진창이구나."[3] "이 시기는 신하가 군주를 시해하고 아들이 아비를 죽이던 때였으나 고관대작들은 하나같이 무심하게 봉록을 받으며 아무렇지도 않은 표정으로 출퇴근을 했던 것이다."[4] 게다가 구양수는 『신오대사』를 편찬할 때 한 편이 끝날 때마다 촌평을 했는데, 그 촌평의 첫머리는 항상 "맙소사!"로 시작했다. 이 시기의 역사가 얼마나 한심하고 슬펐으면 저렇게 썼는지 충분히 짐작할 수 있을 것이다. 아닌 게 아니라 『신오대사』를 펼치면 '죽이다(殺)' '시해하다(弑)'와 같은 살벌한 글자가 수시로 튀어나와 선혈이 지면에 낭자하다. 이 시기에 인성

---

1 번진이란 당唐 · 오대五代 · 송宋나라 초기에 절도사節度使를 최고 권력자로 한 지방 행정체제이다. 710년 하서河西 번진이 처음으로 설치되었으며, 안사의 난 직전까지 변경에 10개가 설치되었다. 난이 평정된 뒤에는 내지에 잇따라 설치하여, 대략 45개가 출현하였다. 오대와 송나라 초기에는 그 수가 더욱 늘었다. 2개 이상의 주州를 관할구역으로 하였고, 절도사의 근무처는 주를 회부會府, 관할하의

모든 주를 지군支郡이라 하였다. 회부에는 절도사의 친위대인 아군牙軍이 있고, 지군에는 절도사와 주종관계를 가진 진장鎭將이 거느린 외신군外鎭軍이 요충지 진鎭에 주둔하여, 문관인 주자사州刺史 및 현령縣令을 제압하면서 군벌 할거의 국면으로 빠져들었다. ─역주

2 당나라가 멸망한 907년부터, 960년에 건국된 송나라가 중국을 통일하는 979년까지

조광윤.

이 얼마나 파괴되고 또한 인명이 얼마나 경시되었는지 적나라하게 보여주고 있는 것이다.

그러니 백성들은 안정을 바랐다. 또한 역사의 큰 흐름은 항상 통일과 안정을 지향했다. 그렇기에 난세는 그저 난세에 그치는 것이 아니라 영웅이 출현할 기회가 되는 것이다. 어릴 적 어머니에게 이런 말을 한 소년이 있었다. "치세에는 문인文人을 쓰고, 난세에는 무인武人을 써야 합니다."[5] 당찼던 이 소년은 훗날 영웅이 되었다. 그는 조광윤趙匡胤이었다.

조광윤은 후주後周의 황실 보위 정예부대 대장이었다. 960년, 그는 이른바 '진교陳橋 쿠데타'로 후주를 뒤엎고 변량汴梁을 도읍지로 삼아 송나라를 개국했다.[6]

조광윤이 왕조 명칭을 '송宋'으로 정했을 때에는 분명히 이유가 있었을 것이다. 게다가 군사 쿠데타까지 감행했으니 그 이유도 단 한 가지는 아니었을 것이다. 그렇다면 그의 속마음은 무엇이었을까? 그의 속마음은 어떤 행동으로 표현되었을까?

널리 알려진 이야기부터 소개하도록 하자. 후주 시기 조광윤은 귀덕歸德 절

약 70년에 걸쳐 흥망성쇠를 겪은 여러 나라와 그 시대를 일컬어 오대십국이라 한다. 여기서 5대는 화북의 중심지역을 지배하고 정통왕조의 계열로 볼 수 있는 후량後梁·후당後唐·후진後晉·후한後漢·후주後周의 다섯 왕조인데, 그 이전에 존재했던 같은 이름의 왕조와 구별하기 위해 앞에 후後자를 붙여 부른다. 한편 10국은 화남 및 그 주변에서 흥망을 거듭했던 지방 정권으로,

오吳·남당南唐·오월吳越·민閩·형남荊南(혹은 남평南平)·초楚·남한南漢·전촉前蜀·후촉後蜀·북한北漢을 가리킨다. ─역주

3 "嗚呼, 五代之亂極矣."

4 "當此之時, 臣弒其君, 子弒其父, 而縉紳之士安其祿而立其朝者, 充然無復廉恥之色者皆是也."

도사에 임명되어 귀덕의 군대를 이끌고 송주宋州에 주둔했다. 송주는 지금의 하남성 상구商丘이다. 이런 이유로 그가 황제에 오른 뒤 옛정을 잊지 못해 성공의 발판이 되었던 곳, 즉 송주의 '송'을 국호로 삼았다는 것이다. 나름 일리가 있는 이야기다. 조광윤이 즉위하자마자 내린 조서詔書에 다음 내용이 있었기 때문이다. "한나라·당나라가 나라를 세움에 처음 봉해졌던 곳이 발전의 기틀이 되었으니 나도 국호를 대송大宋으로 정함이 마땅하다."[7]

옛정이 돈독했던 조광윤

역사 기록이나 전설을 확인하면 조광윤은 확실히 옛정을 잊지 않는 인물이었다. 명나라 때 왕부지王夫之는 『송론宋論』에서 이렇게 서술한 바 있다. "송 태조 조광윤은 비석에 문구를 새겨 궁중에 소중히 보관하라 지시하고 아울러 황제가 새로 즉위할 때마다 반드시 그 비석 앞에 무릎을 꿇고 문구를 낭독하도록 명했다. 문구에 당부했던 것은 세 가지였으니, 그 첫째는 '시柴씨 자손을 보전하라'였고, ……."[8]

조광윤은 후손들에게 당부했을 뿐 아니라 본인 스스로도 그 말을 실천에 옮겼다. 전설에 따르면 그가 즉위하고 며칠 뒤 대신들과 궁중을 거닐다가 우연히 아기를 안고 있는 궁녀를 발견했다. 그는 누구의 아기냐고 물었고, 궁녀는 시柴씨의 후손이라 아뢰었다. 그는 아무 말 없이 뒤따르던 대신 반미潘美에

---

5 "治世用文, 亂世用武."

6 '진교'는 지금의 하남성 봉구현封丘縣 진교진陳橋鎮으로 당시 수도이던 변량 동북방 20킬로미터 지점에 위치했다. 당시 북한北漢과 요遼나라 연합군이 국경을 침범했다는 급보가 전해지자 대군을 이끌고 방어에 나섰던 조광윤이 진교에서 휘하 장수들의 옹립으로 쿠데타를 일으킨 것이다. 이를 역사상

'진교병변陳橋兵變'이라 하는데, '병변'이란 군사 쿠데타를 말한다. 변량은 북송의 수도로 지금의 개봉시開封市이다. 변량은 그간 대홍수로 여러 차례 수몰되었다. 현재 개봉시 지하 6-9미터에 송나라 때 변량이 있다. -역주

7 "漢唐開基, 因始封而建國, 故宜國號大宋."

8 "太祖勒石, 鎖置殿中, 使嗣君卽位, 入而跪讀. 其戒有

게 눈짓을 했다. 반미는 물론 무슨 뜻인지 알아차렸다. 반미는 며칠 후 그 아기를 입양하여 정성껏 키웠다. 그 아기는 훗날 훌륭하게 성장하여 자사刺史의 벼슬까지 올랐다.

이 전설은 무엇을 말하는 것일까? 조광윤은 비록 무인 출신이라 거칠게 살았지만 문인의 감성도 갖추어 옛정을 잊지 않았음을 보여주는 것이 아니겠는가. 알다시피 조광윤은 후주의 황제 시영柴榮 밑에서 고관을 지냈다. 시영이 죽자, 시영의 어린 아들과 힘없는 과부 황태후에게서 정권을 빼앗았다. 그러니 조광윤은 마음 한구석에 항상 미안한 마음을 지울 수 없었을 것이다. 이에 기회가 있을 때 도와주게 되면 마음의 빚도 갚을 수 있고 또한 부하나 백성들에게 옛정을 잊지 않는 후덕하고 인자한 성군이라는 칭송마저 들을 수 있지 않겠는가.

송나라가 세워지고 사회가 점차 안정을 찾아가자 조광윤은 신속히 조정의 기강을 바로잡고 아울러 문치 정책을 펼치고자 했다. 그러던 어느 날 재상 조보趙普와 이야기를 나누다가 왕조 몰락의 원인이 무엇인지 논의하게 되었다. 이에 조보가 건의했다. 역사적으로 볼 때 왕조가 무너진 이유는 대개 번진의 세력이 강해졌기 때문이라는 것이다. 당나라도 말기로 가면 번진 세력이 너무 강해 중앙정부는 허수아비가 되면서 오대의 난세로 전락했다고 분석했다. 과거를 귀감으로 삼는 것이 좋으니 번진의 세력은 물론이고 대신의 권력도 삭감하는 것이 필요하다고 역설했다. 조광윤은 이에 어느 날 석수신石守信을 비롯한 개국공신들 그리고 주로 휘하 사병을 거느린 무장들을 초청하여 거나한 술

三: 一, 保全柴氏子孫, ……."

배주석병권杯酒釋兵權.

자리를 마련했다. 분위기가 무르익자 조광윤은 속마음을 털어놓기 시작했다.
"황위에 오른 뒤 하룻밤도 편히 자본 적이 없다네. 내가 당신들을 믿지 못해
서가 아니라 사람의 마음이란 어느 순간 변할 수도 있는 것이니 내가 황위를
찬탈했듯 자네들도 휘하 병사를 이끌고 황위를 찬탈하지 말란 법은 없지 않
겠는가."

조광윤은 승부수를 던졌던 것이고 휘하 무장들은 대경실색하여 충성을 외
치며 분부대로 하겠노라 납작 엎드렸다. 조광윤은 자연스럽게 그들의 병권을
회수했고 그에 대한 보상으로 엄청난 재산을 베풀며 인생은 짧은 것이니 손자

랑 놀면서 여생을 편히 즐기라 당부했다.

이상이 바로 천여 년 동안 전해져오는 이른바 '배주석병권杯酒釋兵權'의 고사이다. 술잔을 권하며 병권을 풀게 했다는 이 사건이 과연 역사상 실재했는가 여부는 사실 불분명하다. 이 고사의 스토리가 워낙 드라마틱했기에 구체적인 부분에서는 다양한 버전이 존재한다. 사마광司馬光[9]의 『속수기문涑水紀聞』이나 정위丁謂의 『정진공담록丁晉公談錄』 그리고 왕증王曾의 『왕문정공필록王文正公筆錄』 등의 사료는 양념을 첨가하여 '배주석병권'의 고사를 더욱 극적으로 묘사하기도 했다. 그러나 일부 학자들은 연구를 통해 그것은 '소설'일 따름이지 진실이 아님을 주장하기도 한다.

여하튼 조광윤은 역대 제왕들처럼 '새를 잡으면 활을 치우듯' 공신들을 정리하긴 했으나 옛정을 생각하여 어느 누구도 살해한 적은 없었다. 이 점에 대해 송나라 대문호이며 문무를 겸비했고 인품과 능력이 모두 훌륭했던 범중엄范仲淹[10]은 관리 한 명을 처형하는 문제를 놓고 당시의 대신 부필富弼과 논쟁을 벌였는데 그때 이런 말을 한 적이 있다. "송 태조 때부터 신하 한 명을 가볍게 죽인 적이 없으니 이는 크나큰 덕정德政이라 할 것입니다."[11]

이상으로 봐도 조광윤은 옛정을 저버리는 사람이 아니었음은 확실하다. 그 밖에도 비슷한 전설이 기록에 많이 남아 있다. 따라서 그가 출세의 근거지였던 '송주'를 잊지 못해 왕조의 명칭을 '송'으로 삼았을 거란 추측은 충분히 일리가 있다고 하겠다.

그렇다면 옛정 이외에 또 다른 이유도 있었을까? 무장 출신이지만 독서를

9 사마광: 북송의 정치가이자 역사학자, 문학가이다. 송나라 인종 · 영종 · 신종 · 철종 등 황제 네 명을 모셨다. 사람됨이 온화하고 겸손했으며 맡은 바 업무는 아무리 힘들어도 정성을 다해 열심히 했다. 중국 역사상 최초의 편년체 통사 『자치통감』의 편찬을 주도했다.

10 범중엄: 북송의 사상가 · 정치가 · 군사전략가· 문학가이다. 정치적으로 많은 업적을 남겼으며

문학적으로도 뛰어났다. 그가 남긴 유명한 말이 있으니 이러하다. "세상의 근심 걱정은 내가 먼저 하고, 세상의 기쁨과 즐거움은 나중에 누리리다(先天下之憂而憂, 後天下之樂而樂)." 이런 사상과 어진 마음의 선비 정신은 후세 중국 지식인의 정신세계에 심원한 영향을 끼쳤다.

11 남송南宋 누악樓鑰의 『범문정공연보范文正公年譜』로부터 인용. -역주

그리 좋아했던 조광윤은 황제가 된 후 '숭문경무崇文輕武', 말하자면 문文을 숭상하고 무武를 경시하는 문치文治 정책을 펼쳤는데, 그런 정책이 '송'이란 국명과 연관이 있는 것일까? 일반 독자는 그 연관성을 쉽게 파악하기 힘들겠지만 아마 조광윤 본인은 틀림없이 인지하고 있었을 것이다.

그 연관성을 파악하려면 우선 '상구商丘'의 역사에 대해 살펴볼 필요가 있다. 상商 왕조를 설명할 때 언급했듯 상나라 통치계급은 도읍지를 여러 차례 옮겼다. 도읍지 중에 상구는 상나라 탕왕이 도읍지로 정한 곳이다. 상구는 그 후 주周 왕조 시절에 주공周公이 성왕成王을 도와 무경武庚의 난을 평정하고 상나라 주왕紂王의 친형 미자계微子啓를 봉했던 곳이다. 미자계를 봉하면서 그 제후국을 송국宋國이라 칭했으며 아울러 상나라 역대 제왕의 제사를 잇도록 허용했다. 이는 주나라 무왕武王이 주공의 건의를 받아들여 상나라 왕실 제사를 잇도록 했기 때문이다. 『상서대전尙書大全』[12]에 따르면 주공의 건의는 이러했다. "전왕조의 백성을 모두 편히 쉬게 하고, 자기 논에서 농사를 짓게 하며, 위정자는 연고나 사욕을 버리고 오로지 어진 이를 가까이 하도록 합니다."[13]

상구商丘 고성 유적.

12 『상서대전』:『상서』를 해설한 책이다. 복생伏生의 제자인 장생張生 및 구양생歐陽生이 스승의 학설을 토대로 논술했다고 전해진다. 금문학파今文學派에 속하는 저술이다.

13 "各安其宅, 各田其田, 毋故毋私, 惟仁是親."

물론 주나라 성왕이 미자계를 상구에 봉하고 '송국'이라 칭했던 것은 상나라의 옛 터전으로 돌아가 불순한 마음을 갖지 말고 얌전하게 살라는 뜻으로 풀이하기도 한다. 정말로 이런 뜻이 담긴 것이라면 '송'과 '얌전하게 지냄' 사이에 무슨 관계가 있기라도 한 것일까? 그렇다면 '송'이란 한자의 초창기 본뜻이 무엇인지 따져볼 필요가 있다.

'송'은 '안정'을 뜻했다

'송'의 갑골문은 아래와 같다.

이 글꼴은 상하 두 부분으로 구성된 것이다. 위쪽의 '갓머리宀'[14]는 옛날에는 독립적으로 사용되기도 했다. 독음은 '면'이며 뜻은 '집'이다. 지붕과 벽면을 그려준 것이기 때문이다. 아래쪽은 '나무-목木'인데 초창기에는 '나무'를 가리켰으나 점차 목재나 나무토막을 뜻하게 되었다. 그러므로 상하 두 부분을 합해 송宋이 되었으니 '나무집'이 아니겠는가. 따라서 초창기 본뜻은 '안거安居나 정착定着', 말하자면 '한곳에 자리 잡고 살다' 혹은 '안정된 생활을 누리다'였을 것이다. 『설문해자』의 해설을 보면, "송宋은 거주居住하다"[15]로 되어 있는데, 이

---

14 '집-면宀'을 흔히 '갓머리'라 부른다. 家가나 安안처럼 대개 한자의 '머리' 부분에 위치하고 또한 그 모양이 '삿갓'처럼 생겼기에 그리 부르는 것이다. -역주

15 "宋, 居也."

는 곧 초창기 본뜻을 보여주는 것이다. 다만 초창기 본뜻은 고서에 그 용례가 그다지 많지 않다. '송'의 본뜻에 대해 물론 이설도 있다. 그중 주목할 만한 해석은 '집 주위에 나무를 심다'이다.

우선 옆의 두 개 도안을 살펴보자.

하나는 송씨 가문의 휘장이고 또 하나는 송씨 가문의 토템인데 도안은 기본적으로 일치한다. 도안 중에 색깔이 다소 다른 것도 물론 있으나 기본적인 도안에는 역시 차이가 없다. 기본 도안의 중앙에 있는 것은 '宋(송)'이란 한자를 예술적으로 처리한 글꼴이다.

이런 모양으로 설계한 이유는 무엇일까? 일반적인 해석은 이렇다. 송씨의 조상이 "나무를 세워 해 그림자를 측정"[16]했던 업무를 기념하여 가문의 상징으로 삼았다는 것이다. 송씨 가문의 토템은 면宀과 목木으로 구성되었다. 목木은 나무를 세운다는 뜻이고, 면宀의 위쪽 꼭짓점은 천지의 중심을 상징하고, '덮을-멱宀'은 하늘을 상징하므로, 결국 나무토막을 세우고 해 그림자를 관측하여 시간을 측정하고 역법 등을 제정한 것이다. 송씨의 선조는 상商나라이고, 상나라의 시조는 현조玄鳥[17]이므로 토템의 양측으로 현조의 도형을 두른 것이다.

(위)송씨 가문의 휘장.
(아래)송씨 가문의 토템.
송宋이란 한자는 나무 혹은 건물과 관련이 있음을 위 도안으로도 알 수 있다.

---

16 "建木晷天."

17 사마천의 『사기 · 은본기』는 상나라 시조 설契의 탄생을 이렇게 기록했다. "설契의 어머니는 간적簡狄인데 유융씨有娀氏의 딸로 제곡帝嚳의 둘째 부인이었다. 세 자매가 함께 목욕하러 나갔다가 현조玄鳥가 떨어뜨리는 알을 보았다. 이에 간적이 찾아서 삼키자 잉태하게 되었고, 그리하여 낳은

아기가 설이었다." 원문의 현조玄鳥는 '검은 새'인데 중국에서는 '제비'로 해석하지만 실은 까마귀나 까치도 검은 새이다. 검은 새는 신화적으로 하늘의 전령, 즉 태양이 보낸 새였다. 이런 태양 새를 한국에서는 '까마귀' 곧 삼족오三足烏의 신앙에 나오는 그 '검은 새'로 보았다. 삼족오 신화는 백제를 거쳐 일본으로도 건너갔다. 일본 최초의 연호로 슈초(주조朱鳥, 붉은 새, 즉 태양의 새)라든가

한편『설문해자』의 '송'자 해설에 이어서 서현徐鉉[18]의 설명을 보면 이러하다. "나무로 집을 만들 수 있으니 그로써 사람이 거주할 수 있다."[19] 나무로 집을 지어 거주하게 한다는 뜻이 명백하지 않은가? 목조 건축물은 지금도 흔히 볼 수 있다. 주택용으로도 짓고 휴양지의 펜션도 전원 풍경에 어울리게 소박한 통나무집으로 만든다.

그렇다면 중국인의 먼 조상은 처음부터 나무로 집을 지었을까? 가옥의 변천사를 살펴보면 그렇지 않았다.『주역·계사전繫辭傳』의 다음 내용을 읽어보자. "상고 시대에는 동굴에 거주하거나 황야에서 살았다. 세월이 흘러 성현이 나타나 건물을 지으니 지붕과 처마가 있어 비바람을 피할 수 있었다."[20] 이 내용으로 보건대 상고 시대 원시인들은 비바람을 피하고 또한 비교적 안전하게 살 수 있는 동굴 같은 곳에서 거주했음을 알 수 있다. 당시 상황은 한자에도 그 흔적이 남아 있다.

다음 두 개 한자를 살펴보자. 엄厂과 엄广.

중국어 간체자에 익숙한 젊은 세대는 엄厂을 대하면 '공창工廠'[21]의 창廠 간체자로 알 것이다. 또한 엄广을 대하면 '광범廣泛'[22]의 광廣 간체자로 알 것이다. '공장'이나 '넓을-광廣'이 집이나 방과 무슨 관련이 있냐고 반문할지도 모르겠다.

엄厂의 갑골문은 아래와 같다.

아스카(비조飛鳥) 시대 등이 그 흔적이다. 또한 우리나라 삼한三韓 시대에 하늘에 제사를 지내던 신성한 장소를 소도蘇塗라 했는데, 그 소도가 나중에 '솟대'가 되었다. 장대 끝에 나무로 만든 새 조각을 올려놓은 것이 그 솟대이니 태양의 전령을 모신 것이다. 일본의 고유 신앙으로 신도神道가 있고, 그 신도의 사원이 신사神社인데, 신사 입구의 대문을 일본어로 '도리이'라 하며 한자로는 '조거鳥居', 즉 새가 머무는 곳, 말하자면 신성한 장소 '솟대'의 다른 이름인 것이다. —역주

18 서현: 오대五代에서 송나라 초기에 활동했던 서예가·문학가이다. 서예에 능했는데 특히 이사李斯의 소전小篆을 편애했다. 아우 서개徐鍇와 함께 문학적으로 유명하여 '이서二徐'로 불렸다. 또한 한희재韓熙載와 명성을 다투어 그 당시 '한서韓徐'로 불리기도

위 글꼴의 초창기 독음은 '한漢'과 같았으며, 산기슭에 위쪽으로 암석이 튀어나와 그 안쪽에서 쉬거나 거주할 수 있는 그런 곳을 그린 모습이다. 한편 엄广은 갑골문에서 독립적인 글꼴로는 아직 발견되지 않았고 다른 글자의 일부로 나타나고 있다. 독음은 '엄掩'과 같고, 뜻은 엄厂을 기반으로 차단막을 설치한 모습이다. 따라서 비바람을 더욱 효과적으로 피할 수 있어 거주하기 훨씬 편안했을 것이다.

엄厂이나 엄广의 초창기 본뜻은 현재 한자 속에도 비교적 잘 보존되어 있다. 예를 들어 점店, 고庫, 부府, 묘廟, 주廚, 청廳, 하厦 등은 모두 집이나 방 혹은 건물 건축과 연관된 한자들이다.

원시인들은 바위로 가려주는 곳에서 임시로 기거하다가 그런 곳을 수리하거나 보완하여 주거지로 삼았을 것이다. 그런 전통은 지금까지도 이어지고 있다. 고산 지대에 사는 사람들은 아직도 그런 방식으로 주거지를 만들고 있다. 섬서성 북부 황토고원 지대 산비탈에서 흔히 볼 수 있는 토요土窑나 요동窯洞이 곧 그런 모습인 것이다.

하지만 현대 건물은 대부분 평지에 건축한다. 평지에 건물을 세웠던 것은 고대 건축사에 있어서도 획기적

산정동인山頂洞人의 생활상 모형도.

했다.

19 "木者所以成室, 以居人也."

20 "上古穴居而野處, 後世聖人易之以宮室, 上棟下宇, 以待風雨, ……."

21 우리 한자에서는 공장을 '공장工場'으로 쓰지만 중국에서는 '공창工廠'으로 쓴다.

물론 창廠은 창廠으로 표기하기도 한다. 廠의 중국어 간체자가 厂이다. -역주

22 우리 한자에서는 '광범위'의 '광범'을 '광범廣範'으로 표기하지만 중국에서는 '광범廣泛'으로 표기한다. 廣의 중국어 간체자가 广이다. -역주

송宋에는 '목조 건물'의 뜻도 있었다.

인 전환점이었을 것이다. 한자의 '집-면宀'은 곧 그런 변화를 보여주는데, 새로운 건물은 지붕과 용마루가 뚜렷하고 사면에 벽이 있는 측면 모습이니 이른바 '집-가家'나 '집-실室' 등이 그런 것이다. 따라서 현재 우리가 흔히 보는 한자 중에 궁宮, 실室, 택宅, 우宇, 가家, 숙宿, 우寓 등이 모두 집이나 방의 모습을 간략히 그린 '집-면宀'을 모두 가지고 있다. 또한 '편안할-안安'은 여인이 집안에 있는 모습인데, 이는 '안정, 안녕, 안전' 등을 표시하고 있다. 게다가 가家는 더욱 흥미롭다. 청나라 한자학의 태두였던 단옥재段玉裁의 설명에 따르면, 뇌牢가 면宀 아래에 '소-우牛'가 있어 소를 키우는 '외양간'이듯, 가家도 면宀 아래에 '돼지-시豕'가 있으니 '돼지우리'라고 했다. 그런데 시豕는 멧돼지이므로 그런 야생 돼지를 순화시켜 집에서 키우기 시작했다는 것이다. 집돼지를 키운다는 것은 정착했다는 뜻이고, 정착했다는 것은 곧 사람 사는 집이 있음을 뜻하니, '집-가家'의 뜻은 이로부터 발생하였다.

북경 동굴집 유적.

섬서성 북부 연안延安 지역의
요동窯洞 건축물.

우리가 지금 논하고 있는 송宋도 면宀 계열의 한자가 분명하다. 그렇다면 '송'도 집이나 건물 혹은 거주와 관련이 있다는 점은 명백해진다. 따라서 처음에 언급했듯 '송'의 초창기 본뜻을 목조건물이라 했던 것도 나름 근거가 있는 주장인 셈이다.

그런데 '송'이 목조건물이라는 주장 이외에 '집 주위에 나무를 심다'라는 주장은 또한 어떻게 나오게 된 것일까? 맹자의 다음 이야기를 들어보자. "5무畝를 소유한 가구가 뽕나무를 심으면 50세 이상은 비단옷을 입을 수 있다."[23] 택지 주변에 뽕나무를 심어 길쌈을 하면 나이든 사람들은 옷감 걱정을 할 필요가 없다는 뜻이다.

택지 주위로 나무를 심었던 것은 중국의 오랜 전통이었다. 나무는 주로 뽕나무와 가래나무였다. 그 많은 나무 중에 하필 뽕나무와 가래나무를 주로 심었던 이유는 무엇일까.

뽕나무의 뽕잎으로는 누에를 칠 수 있고, 뽕나무 열매인 오디로는 과일처럼 먹거나 술을 담았다. 뽕나무 줄기나 가지로는 다양한 생활용품을 만들었고 껍질로는 종이를 만들 수 있었다. 게다가 이파리, 가지, 뿌리, 껍질 등은 모두 한약재였다.

한편 가래나무의 여린 이파리는 식용이 가능했고, 껍질은 한약재의 일종으로 '재백피梓白皮'라 부른다. 가래나무는 가볍고 부드러우며 또한 잘 썩지도 않아서 생활용품은 물론이고 악기 제작에도 많이 쓰인다. 게다가 가래나무는 속성수라 땔감용으로도 많이 심었다. 중국어에 '재장梓匠'이나 '부재付梓'라는 용어도 있듯 가래나무는 그 용도가 무척 다양했음을 알 수 있다. 재장이나 재인梓人은 가래나무로 다양한 용품을 제작하는 기술자이고, 부재란 '인쇄'를 뜻하는데, 이는 곧 가래나무가 판각에 안성맞춤이었음을 알 수 있다. 이렇듯 뽕나무와 가래나무는 백성들의 일상생활에 무척 요긴하므로 집 주변에 심을 나무로 선정됨은 지극히 당연했을 것이다. 『주희집전朱熹集傳』에도 이런 내용이 있

---

23 "五畝之宅, 樹之以桑, 五十者可以衣帛矣."

뽕나무가 숲을 이룬 정원의 모습.

었다. "뽕나무와 가래나무는 옛날 5무의 가구마다 담장 아래 심어 자손들에게 길쌈을 매게 하고 일용품을 갖추게 했으니, …… 이런 뽕나무와 가래나무는 부모가 심어 물려준 것이다."[24]

　뽕나무와 가래나무는 정원이나 담장 아래 심는 수종이고 부모가 심으면 자손이 덕을 보는 나무인지라 사람들은 '상재桑梓(뽕나무와 가래나무)'에 존경과 감사 그리고 그리움을 기탁하게 되었다. 『시경·소아小雅』에 이런 구절이 있다. "뽕나무와 가래나무, 공경하게 된다네."[25] 그러므로 '상재'라고 하면 고향이나 고향의 부모님 혹은 집안 어른의 대명사가 되기도 했다. 심종문(선충원)沈從文

24 "桑梓二木, 古者五畝之宅, 樹之墻下, 以遺子孫給蠶 食·具器用者也. …… 桑梓父母所植."

25 "維桑與梓, 必恭敬止."

은『왕사자제王謝子弟』에서 이렇게 썼다. "아저씨께서 농협 근무를 당연히 원한다고 하셨다. '고향'을 위해 봉사하는 일이기도 하고 또한 평소 희망했던 일이었기 때문이다."²⁶ 번역문의 '고향'에 해당하는 원문은 상재桑梓다.

이상으로 보건대, '송'은 '정착, 안거' 등을 뜻함과 동시에 또한 '택지 주변에 나무를 심는다'는 뜻도 있는데, 이는 심원한 전통문화였던 것이다. 송나라를 세웠던 조광윤이 '송'을 국호로 결정한 이유도 전란을 종식하고 편안한 세상이 되기를 바라는 마음이 투영되었다고 볼 수 있을 것이다. 이는 조광윤이 무인 집안이었고 본인 또한 무장이었지만 문치를 치국의 이념으로 삼았던 것과도 완전히 일치하는 일이었다.

한편 상구商丘 지역에 근거지를 두었던 옛 송국宋國과 송씨는 본디 깊은 관련이 있다는 점을 염두에 두고 송씨의 조상 중에 유명한 인물을 떠올려볼 필요가 있다. 송씨 집안의 유명한 인물이란 춘추전국 시대 송윤학파宋尹學派²⁷의 대표였던 송경宋牼이다. 송경은 송견宋鈃·송영宋榮·송영자宋榮子 등으로 불리기도 했다. 그의 주장을 한마디로 요약하면 '전쟁 반대'²⁸이며, "세상을 평화롭게 만들어 백성을 살리자"²⁹는 것이 핵심이었다. 송경의 이런 주장도 '송'과 평화 사이에 내적으로 깊은 연관이 있음을 나타낸다.

'송'이 왕조의 명칭으로 결정된 이후 제왕으로부터 평민 백성에 이르기까지 모두 기원했던 것처럼 비교적 안정되고 평화로운 세월이 한동안 아름답게 펼쳐졌다. 그러므로 사회 경제 문화 과학기술 및 인구 등 다방면에 걸쳐 공전의 발전을 이루게 되었다. 이에 송나라 특유의 문화에 '송'을 접두사로 붙여 고유

---

26 "七爺回信表示农会当然愿意服务, 因为一面是为桑梓服务, 一面且与素志相合."

27 송윤학파: 전국 시대 학파의 하나로 대표인물은 송견宋鈃, 윤문尹文 등이기에 성씨를 따서 명명한 것이다. 이들의 사상은 유가·묵가·도가를 종합했다고 하지만 근본은 도가에 속한다.

28 "禁攻寢兵."

29 "願天下之安寧以活民命."

30 유우석: 당나라 문학가·시인·철학가였다. 시와 산문에 두루 능하여 유종원柳宗元과 함께 '유유劉柳'로 불렸고, 위응물韋應物·백거이白居易와 함께 삼걸三傑로 통했다. 시집 18권이 있는데 지금은 12권으로

명사로 사용하기도 했다. 어떤 것들이 있을까?

송사宋詞가 싹트다

    송나라의 대표적인 문화유산을 꼽으라면 우선 송사宋詞가 되겠다. 송사가 송나라의 대표적인 문학 장르지만 송나라 때 탄생한 것은 아니다. 학자들은 수나라·당나라 시기의 가곡 '곡자사曲子詞'를 송사의 원류로 보고 있다. '곡자사'는 민간 가요이므로 우아한 지식인들은 외면했지만 당나라·송나라 문학가들에게 신선한 자극제가 되면서 점차 송나라 문학의 주류로 부상했다. 당나라 유명시인 유우석劉禹錫[30]은 『죽지사竹枝詞·서序』에서 이렇게 서술했다. "내가 건평建平[31]에 부임했는데 동네 아이들이 '죽지竹枝'[32]를 이어 부를 때 피리를 연주하고 북을 치며 박자를 맞추었다. 노래하는 자들은 소매를 날리며 멋대로 춤을 추니 노래를 많이 부르는 자가 왕이었다. 노래를 유심히 들어보니 황종黃鍾의 우조羽調에 맞았고 마지막 장에 이르자 거침없이 질러대는 것이 마치 강남 땅 오吳 지역의 음악 같았다."[33] 몇 마디에 불과하지만 그 당시 정경이 눈에 선하게 그려진다. 골목마다 소년들이 모이고 이어서 음악에 맞춰 신나게 노래하며 춤추는 모습을 유우석은 생동적으로 묘사했다. 이런 민간 가곡이 발전하여 송나라 문학의 대세인 '송사'가 된 것이다.

    문학 작품을 이야기했는데, 이런 작품을 우리가 지금 접할 수 있는 것은 관

편집되었다. 『유빈객집劉賓客集』이 전해진다.

31 건평은 당나라 때 군郡의 명칭으로 지금의 사천성 무산현巫山縣이다. 유우석이 자사刺史로 부임했던 기주夔州를 가리킨다. -역주

32 '죽지'는 당나라 교방教坊의 악곡 이름이다. 교방이란 국립 유행음악학원 정도로 보면 된다. 죽지는 본디 파유巴渝 지역의 민가였다.

파유는 지금의 사천성 동부 중경시 일대였다. 노래할 때 피리와 북으로 반주를 했으며 동시에 춤도 추었다. 당나라 시인 유우석이 기주夔州 자사에 부임하자 죽지의 가락에 가사를 써넣어 초사楚辭의 구가九歌처럼 칠언 절구의 연작을 창작했다. 멋지게 창작했기에 사람들이 많이 따라 불러 한때 크게 유행했다. -역주

33 "余來建平，里中兒聯歌竹枝，吹短笛·擊鼓以赴節．歌

런 작품이 인쇄되어 책으로 전해지기 때문이다. 중국은 활자 인쇄술이 일찍부터 발달했는데, 이런 기술은 북송北宋[34] 때 필승畢昇이 발명한 것이다. 필승은 도장이나 탁본 그리고 날염 등의 전통 기법을 종합하고 특히 조판 인쇄술의 기술을 계승하여 인류 역사상 획기적인 활자 인쇄술을 발명했다. 조판 인쇄술은 송나라 때 전성기를 구가했다고 말해도 과언이 아니다. 그러므로 지금도 송판宋版이니 송본宋本이니 하는데, 이는 정교한 인쇄물의 대명사이다. 송나라 인쇄물의 가격은 그 무게만큼의 황금으로 계산할 정도이니 얼마나 귀하게 여기는지 짐작할 수 있다. 청나라 말기 장서가로 유명했던 육심원陸心源은 본인의 장서각을 '벽송루皕宋樓'로 명명하기도 했다. '벽皕'은 백百이 둘이니 200의 뜻이다. 따라서 송판본을 무려 200부나 소장하고 있다는 자부심의 발로였을 것이다. '벽송루'는 청나라 말기 전 중국을 통틀어 4대 장서각의 하나였다.

활자 인쇄술의 발명가 필승畢昇.
북경 소재 중국인쇄박물관에 있는
필승 조각상.

송판宋版의 서적과 송체宋體의 글꼴

고서 중에 송판본이 이처럼 귀한 이유는 기본적으로 활자가 정교하고 미려하며 교열 또한 엄격하고 치밀했기 때문이

송판본 도서.

者揚袂睢舞, 以曲多為賢. 聆其音, 中黃鍾之羽, 卒章激訐如吳聲."

34 요遼나라에 반기를 들고 서서히 부상하던 동북방의 여진족이 곧 금金나라로 국호를 개칭한 후 요를 멸하고 급기야 남쪽으로 세력을 넓힘으로써 송나라는 멸망의 위기를 맞는다. 금나라 군대는 파죽지세로 개봉開封까지 밀고 내려와 황제 흠종을 포로로

잡아갔다. 그 당시 송나라 명장 악비岳飛는 흠종의 아들을 내세워 송나라의 명맥을 이었는데, 임시 정부의 소재지를 항주杭州로 정하게 된다. 이 시기를 기준으로 그 이전을 북송北宋, 그 이후를 남송南宋이라 부른다. 북송은 금나라와 연합해 요나라를 제압하는 데는 성공했지만 도리어 금나라에 밀려 남쪽에서 근근이 명맥을 유지하며 남송이 되었다. 그런데 남송 또한 똑같은 전철을

다. 그러므로 송판 서적이라 하면 고서 중에서도 최고로 여기는 것이다.

송판 서적의 글꼴이 아름답고 멋진 이유는 서예 대가들의 글꼴을 본떠 판각했기 때문이다. 송판 서적의 글꼴은 크게 두 부류로 나뉜다. 약간 두툼한 글꼴은 해서의 태두 안진경顏眞卿[35]의 서체를 따랐고, 약간 날씬한 글꼴은 또 한 명의 해서 대가였던 구양순歐陽詢[36]의 서체를 따른 것이다. 송판 서적이 글꼴마다 명필의 풍모가 엿보이는 것도 실은 이 때문이다.

조판 인쇄의 글꼴은 명필의 서체를 모방한 것 이외에 송나라 정부에서 따로 송체宋體를 개발했는데 이것은 인쇄체 폰트의 이정표였으며, 송체에 이어 방송체仿宋體도 개발하기에 이르렀다.

송체와 방송체는 현행 인쇄 출판물의 기본적인 글꼴이 되었다. 그런데 송체와 방송체는 용도가 약간 다르다. 중국의 경우, 송체는 기본적으로 책이나 신문의 본문에 주로 사용되고, 방송체는 일반적으로 정부 기관의 공식적인 문서

안진경 서법.

구양순 서법.

밟았다. 북방에서 점차 강성해지던 몽골족과 연합하여 금나라를 제압하는 데 성공했으나 역시 몽골족에게 멸망당했다. -역주

35 안진경: 당나라 유명 정치가 · 서예가. 이른바 '안체安體'를 창조하여 조맹부趙孟頫, 유공권柳公權, 구양순歐陽詢과 함께 해서楷書 4대가로 추앙된다. 유공권과 함께 '안류安柳'로 칭해지기도 했다.

36 구양순: 해서 4대가의 한 명이다. 구양순은 동시대의 우세남虞世南, 저수량褚遂良, 설직薛稷과 함께 '초당初唐 4대가'라 부른다. 구양순은 우세남과 함께 초당 시기에 명성을 날려 '구우歐虞'라 칭하기도 했다. 구양순의 해서는 평평하고 반듯하면서도 종종 기발한 필체가 있어 초학자들이 배우기 편하다. 그의 해서는 간단히 '구체歐體'라 부른다.

宋体字　仿宋体

에 사용되고 있다. 송체의 기본적인 특징은 가로선은 갸름하나 세로선은 두툼하다. 또한 글꼴의 끄트머리는 약간의 장식 성분이 있다. 그와 동시에 점이나 삐침 그리고 파임이나 치치기 등의 필획 끝이 모두 뾰족하다. 한편 방송체는 송체의 구조를 따르면서도 깔끔하고 날씬한 해서 글꼴을 채용하여 기본적으로 가로 세로의 필획 두께가 균일하고 필획 끄트머리의 장식이 약화된 모습이다.

송체와 방송체의 기본적인 특징을 아는 것은 일생생활에 의외로 중요하다. 출판사나 신문사 혹은 법률 사무소 근무자처럼 편집이나 공문서 작성에 관해 전문적인 지식을 구비할 필요는 없다. 그러나 우리처럼 일반인이 이런 분야에 기초적인 지식만 구비해도 자신의 이익을 보호할 수 있다. 예를 들어보자. 방송체는 정부 기관의 정식 공문에 널리 사용되는 글꼴임을 기억한다면 삿된 자가 정부 공문을 위조하여 당신에게 사기를 치려 할 때 당신은 글꼴이 수상할 경우 첫눈에 알아챌 수 있을 것이다. 또한 중국 정부의 규정에 따라 국가의 행정기관이나 기업 혹은 사회단체의 인장은 반드시 송체를 사용해야 한다. 그런데 누군가 사기를 칠 목적으로 공문서를 위조하고 아울러 도장도 가짜로 찍는다고 할 때 글꼴 규정을 깜빡하여 송체를 사용하지 않았다면 당신은 그 역시 첫눈에 거짓임을 알아챌 수 있을 것이다.

현재 우리가 보는 송체와 방송체 글꼴은 물론 송나라 때 탄생한 것이다. 그러나 완벽한 글꼴이 되기까지는 또 몇 백 년의 세월이 흘러 이윽고 명明나라에 이르러 비로소 기본적인 골격을 갖추게 되었다. 따라서 일부 국가나 지역, 이를테면 대만이나 홍콩 등지에서는 송체를 명체明體라 부르기도 한다. 대만이나 홍콩 등지에서 발송된 문서를 처리해본 적이 있는 분이라면 이른바 명체 글꼴에 결코 낯설지 않을 것이다.

지금까지 이야기했듯 송나라로 접어들어 문학, 예술, 과학, 기술, 경제 등 여러 방면에 걸쳐 발전을 이룩할 수 있었던 것도 당시 사회가 안정되었기 때문이다. 물론 송나라 사회가 안정되었다고는 하지만 그런 안정과 평화가 계속될 수는 없었다. 정강지치靖康之恥나 방랍기의方臘起義[37] 등이 발생하면서 송나라의 기반이 크게 흔들렸다. 이에 남쪽으로 도읍지를 옮겨 잔명을 유지하던 송나라도 몽골 대군에 굴복하여 북송 남송 통틀어 300여 년의 역사를 일기로 마침내 역사의 뒤안길로 사라졌다.

칭기즈 칸은 1227년 서하西夏를 공격할 당시 죽었지만 그의 손자 중 하나인 쿠빌라이에 이르러 중국 송나라를

공공기관 직인은 송체宋體를 사용한다. 이것이 진품이다.

직인이 흑체黑體이므로 위조가 틀림없다.

---

37 북송의 수도가 금나라 군대에 점령되어 휘종, 흠종 등이 포로로 잡혀간 사건을 일컬어 '정강지치'라 한다. 정강靖康은 송나라 흠종의 연호이다. 이에 송나라 잔여 세력이 양자강 이남의 임안臨安(지금의 항주)으로 수도를 옮겨 남송이 시작되었다. 한편 북송 말기 지금의 안휘성 흡현歙縣의 빈농이던 방랍方臘이 가렴주구를 견디지 못하고 농민들을 규합하여 봉기한 사건을 일컬어 '방랍기의'라 한다. -역주

점령하는 데 성공했으며, 중국인 고위 관리의 권고를 받아들여 국호를 원元으로 바꾸면서 중국 역사에 편입되었다. 원나라는 왜 '원'을 국호로 삼았을까? 원나라의 국호에는 무슨 뜻이 담겼을까? 다음 장에서 하나씩 살펴보도록 하자.

북송 정강통보靖康通寶 절이전서折二篆書.
'절이'란 일반 동전의 두 배 가치로 사용되던 약간 큰 동전을 가리키며,
'전서'란 그 동전에 새겨진 글꼴을 가리킨다.

제10강 = 원元:: 천지의 도、 인간 치세

- 원元은 『역경易經』에서 따왔다
- '원형이정,의 지혜
- 쿠빌라이의 신의
- 투박했던 원나라와 원곡

몽골 민족은 강인한 체력과 공포의 기동력으로 중국 역사상 최초의 소수민족 정권―원나라를 세웠다. 원元의 초창기 본뜻은 '사람의 머리'였는데, 시간이 흐르며 의미가 확대되어 '출발이나 시작' 혹은 '정직, 공정' 등을 뜻하게 되었다. 위풍당당했던 군주 쿠빌라이, 그의 포부와 지략은 이미 지역적 한계를 초월했으며, 천지의 도리에 따라 인간 세상을 다스려 위대한 업적을 이루고자 했다.

쿠빌라이.

13세기 중반으로 접어들자 남송은 몽골 기마병의 강력한 압박에 풍전등화의 신세가 되었다. 날로 강성해지던 쿠빌라이는 1271년 말 알난하斡難河[1] 일대에서 원元을 국명으로 하여 나라를 세우고 그 이듬해 대도大都를 수도로 정했다. 대도는 지금의 북경이다.

원元은 『역경易經』에서 따왔다

쿠빌라이가 원나라를 개국할 때 국호와 관련하여 내린 조서가 있었다. 그것은 『건국호조建國號詔』인데 주요 내용은 다음과 같았다.

우리 몽골의 태조 성스러운 무공의 황제께서 하늘의 계시를 받아 북방에서 발흥하사 신령스러운 무공으로 제왕의 전략을 품으시니 사방으로 하늘의 소리가 울려 퍼져 광활한 영역을 개척한바 그 광대함이 일찍이 역사에 없었던 쾌거로다. 근자에 장로들이 대궐에 이르러 천자께 문서를 올려 요청하길, 대업을 이미 이루었으니 국명을 조속히 지을 때라 아뢰었다. 예로부터 당연히 했던 일이니 짐인들 거부할 게 있겠는가. 국명을 대원大元으로 함이 마땅한데, 이는 『역경』의 '건원乾元'으로부터 취한 것이니라.[2]

---

1 알난하: 악논하鄂論河, 악락하鄂諾河, 오눈하敖嫩河 등으로 불리는데, 지금의 몽골 악눈하鄂嫩河이며 옛날에는 흑수黑水라 불렀다. 흑룡강 상류 지역의 하나이다. -역주

2 "(전략) 我太祖聖武皇帝, 握乾符而起朔土, 以神武而膺帝圖, 四震天聲, 大恢土宇, 輿圖之廣, 歷古所無. 頃者耆宿詣庭, 奏草申請, 謂既成于大業, 宜早定于鴻名. 在古制以當然, 于朕心乎何有! 可建國號曰大元, 蓋取『易經』乾元之義. (후략)"

이 조서는 선조의 업적이 역사상 초유의 위업이라 칭송하면서 국명을 대원
大元으로 결정하겠다는 것이다. 또한 이 국호는 『역경』의 '건원'으로부터 취했
다고 했다. 그렇다면 쿠빌라이는 무슨 근거로 조상이 이룬 업적이 역사상 초
유의 일이라고 과찬하는 것일까?

현재의 관점에서 봐도 원나라 몽골족은 중국의 역대 왕조가 이루지 못한
위업을 이룬 바가 있다. 적어도 광활한 영토 하나만 해도 그렇지 않은가 말이
다. 이 점에 대해 『원사元史 · 지리지地理志』는 서문에서 이렇게 서술하고 있다.
"북쪽으로는 음산陰山을 넘고, 서쪽으로는 사막을 건넜으며, 동쪽으로는 요동
遼東까지 석권했고, 남쪽으로는 먼바다 저쪽까지 이르렀다. 동남방으로는 한나
라 · 당나라의 강역과 견주었고, 서북방으로는 한나라 · 당나라 강역을 뛰어넘
었으니 영토의 광활함을 이루 헤아릴 수 없었다."³ 이 밖에 원나라가 또한 어
떤 분야에서 획기적이었는지 살펴보도록 하자.

첫째, 원나라는 중국 역사상 이른바 '소수민족'이 건립한 최초의 통일왕조
였다. 소수민족이 중원을 지배한 최초의 사례였던 것이다. 여기서 '이른바'란
용어를 굳이 사용한 것은 나름 이유가 있는데, 이 문제는 나중에 언급하기로
하겠다.

둘째, 원나라는 중국 역사상 북경을 수도로 삼은 최초의 왕조였다. 현재 중
국의 수도 북경은 원나라 때부터 시작된 것이다.

셋째, 원나라는 종래의 방식으로 국호를 정하지 않았다. 그전까지는 대개
특정 지역의 명칭을 왕조의 이름으로 삼았지만 원나라는 순전히 한자 자체의

---

3 "北逾陰山, 西極流沙, 東盡遼左, 南越海表, 東南所至不
　下漢唐, 而西北則過之, 有難以里數限者矣."

190

뜻을 가지고 국호를 지었다.

　이상 세 가지만으로도 원나라는 마치 올림픽 정신처럼 어떤 숭고한 경지를 추구했다는 느낌이다. 원나라의 '원元'이란 한자 자체가 그런 뜻을 보여주고 있는데, 우선 이 부분을 집중적으로 살펴보기로 하겠다.

　원나라를 흔히 대원大元이라 부른다. 대大나 원元이나 실은 모두 사람과 관련이 있는 한자이다. 아래는 대大의 갑골문 및 글꼴 변화도이다.

　얼핏 봐도 팔다리를 쩍 벌린 채 크고 넓게 서 있는 사람의 모습이다. 노자 『도덕경』의 다음 구절을 보자. "도道가 크고, 하늘이 크고, 땅이 크고, 사람 역시 크다. 세상에 큰 것이 넷 있으니 사람이 그중 하나이다. 그러므로 사람은 땅을 따르고, 땅은 하늘을 따르고, 하늘은 도를 따르고, 도는 자연을 따른다."[4] 노자의 주장에 따르면 대大는 당초 '거대하다, 광활하다, 원대하다' 등의 뜻이었으며, 하늘 및 땅 그리고 도道 등과도 밀접한 관계가 있었음을 알 수 있다. 자연의 순환은 어길 수 없는 지고의 법칙이므로 가장 존귀하고, 그다음이 하늘, 그다음이 땅이기에, 인간은 이 세상을 살아가려면 순차적으로 따라야 할 대상이라 설명했던 것이다.

---

4 "道大, 天大, 地大, 人亦大. 域中有四大, 而人居其一
　　焉. 人法地, 地法天, 天法道, 道法自然."

이에 또 『여씨춘추 · 환도』편의 내용을 확인하자. "하늘의 도는 둥글고 땅의 도는 모지다. 성인은 이를 본받아 세상을 다스린다."[5] 이렇게 본다면 원나라 통치자들이 어떤 포부를 가졌는지 대략 감을 잡을 수 있을 것이다. 그들은 하늘과 땅의 도리를 본받아 인간 세상을 다스리려 했던 것이다.

아래는 원元의 초창기 글꼴이다.

서 있는 사람의 위쪽에 짧은 선을 가로로 두 개 그어 '머리' 부분을 강조한 모습이다. 『설문해자』는 이 한자를 '시작'이라 설명했다. 그러나 그것은 훗날 확장된 뜻이고, 초창기 본뜻은 '사람의 머리'였다. 이를테면 옛날에 남자가 성인이 되면 머리를 묶고 관을 쓰는 예식이 있었다. 그런 예식을 일컬어 '가원복加元服'이라 했다. 원복元服은 머리에 쓰는 관冠을 말한다. 또한 『춘추좌씨전 · 희공僖公 33년』에 이런 구절이 있다. "적인狄人이 그의 머리를 돌려보냈는데 얼굴이 마치 살아 있는 듯했다."[6] 원문의 '귀기원歸其元'에서 귀歸는 '돌려보내다'의 뜻이고, 기其는 삼인칭 대명사이고, 원元은 '사람의 머리'를 뜻한다.

머리는 사람의 가장 위쪽에 있고 태어날 때도 머리부터 나오므로 '시작, 처음'의 뜻도 이로부터 비롯되었음은 물론이다. 이렇게 확장된 뜻이 훗날 오히

---

5 "天道圓, 地道方, 聖人法之, 所以立天下."　　　**6** "狄人歸其元, 面如生."

려 보편적으로 쓰이게 된다. 예를 들어 원단元旦은 새해 첫날 아침이고, 원월元月은 일 년 중에 첫 달을 뜻한다. 그러므로 원나라는 원元으로써 이전 왕조와는 다른 새로운 시작임을 강조하고 싶었던 것이다. 이와 함께 쿠빌라이가 『건국호조』에서 표명했듯 '원'은 『역경』의 '건원乾元'에서 취했는데, 그렇다면 '건원'의 무슨 뜻을 취했다는 것일까?

건乾은 『역경』 64괘에서 첫째 괘이다. 괘의 전체적인 의미를 설명했던 괘사卦辭는 '원형이정元亨利貞'으로 풀이했고, 괘효卦爻의 모양을 설명했던 상사象辭는 '천행건天行健, 군자이자강불식君子以自强不息'으로 풀이했다. '건원'이란 단어 자체가 '하늘'을 뜻하기도 하고 '천자의 덕행'을 가리키기도 한다. 그러므로 어떤 뜻이었든 간에 쿠빌라이는 만족했을 것이다.

이 그림은 '역易'의 소전小篆 글꼴이다.
『설문해자』는 역易을
일日과 월月의 결합으로 해석했다.
일日은 태양으로 양陽이고,
월月은 달로 음陰을 대표한다고 보았다.

'원형이정'의 지혜

『역경』 건괘의 전체적 의미를 '원형이정元亨利貞'으로 풀이했다고 했다. '원형이정'이 무슨 뜻인지는 수백 수천 년 동안 다양한 해석과 설명이 나왔다. 하지만 '행복과 기뿜'을 뜻한다는 데에는 기본적으로 일치한다. 가장 일반적인 설명은 이러하다. '원元'은 '시작, 개시, 처음'을 뜻하고, '형亨'은 '성장, 발전'을 뜻하고, '이利'는 '형성, 알참'을 뜻하고, '정貞'은 '저장, 바로 지킴'을 뜻한다는 것이다.

원元은 이미 설명했으니 생략하고 나머지 세 글자를 조금 자세히 설명하면 다음과 같다.

형亨은 제기에 제수를 올려놓은 모습이었다. 그러므로 '올리다, 바치다, 드리다'가 본뜻이었다. 제기에 제수를 올려 바치는 이유는 만사형통을 바라기 때문일 것이다. 훗날 '순조롭다, 형통하다'의 뜻은 이로부터 비롯된 것이다. 이를테면『역경・곤괘坤卦』의 "품물함형品物咸亨"은 '만사만물이 모두 형통하다'의 뜻이다.

이利는 화禾와 도刂(=刀)가 결합한 것으로 낫과 같은 농기구로 벼와 같은 곡물을 베어 수확하는 모습이다. 따라서 초창기 본뜻은 '농기구의 날이 예리하다'였다. 날이 예리해야 수확이 빨리 진행된다. 수확이 빨리 진행된다는 것은 순조롭다는 것이고, 순조로워야 유리하지 않겠는가. 유리하면 물론 이익이 난다. 현재 우리가 사용하는 유익有益이나 이익利益의 뜻은 이렇게 나온 것이다.

정貞의 갑골문 글꼴은 아래와 같다.

이것은 솥의 모습으로 불을 피우는 '화로'를 가리킨다. 이는 곧 불을 피워 거북 껍질이나 동물 뼈를 태우며 점을 치는 행위를 표시한 것이다. 점을 치려면 몸과 마음을 단정히 해야 했고, 그와 동시에 정貞의 독음이 정正이나 정定과 유사했기에 이로부터 '바르다, 안정되다'의 뜻이 나오게 되었다. 예를 들어 『상서尙書 · 대갑大甲』에 이런 구절이 있다. "일인원량一人元良, 만방이정萬邦以貞." 한 사람의 왕이 선의로써 국사를 처리하면 세상이 모두 안정되고 바르게 된다는 뜻이다.

이상 '원형이정'의 뜻을 모두 합하면 어떤 의미가 될까? 좋은 출발은 순조로운 진행을 거쳐 풍성한 수확을 기대할 수 있다는 것이다. 그런데 '백 리 길을 가는 자는 구십 리까지를 반으로 생각하라' 했듯 시종일관 단정한 태도와 바른 마음을 가질 때 결국 좋은 결과를 거두고 지킬 수 있다. 한마디로 요약하면, 좋게 출발하여 잘 끝낸다는 뜻이다.

이 밖에도 '원형이정'을 춘하추동 사계절 및 인간의 품행과 대응시켜 해설하기도 했다. 먼저 사계절과 대응시킨 해설을 보면, 봄은 만물이 소생하는 계절이니 원元이고, 여름은 만물이 성장하는 계절이니 형亨이고, 가을은 만물이 여물어 수확하는 계절이니 이利이고, 겨울은 만물이 숨어들어 힘을 비축하는 계절이니 정貞에 해당한다는 것이다. 사계절은 하늘의 뜻에 따라 어김없이 순환하기에 '원형이정'도 순환하는 것이 자연스러운 일이라고 보았다. 한편 인간의 품행으로 사덕四德을 제시하는데, 구체적인 내용은 학파나 교파에 따라 차이가 있지만, 유가 사상을 예로 들면 '원형이정'을 인의예지仁義禮智에 대응시켜 해설했다. 말하자면 '원형이정'은 동남서북의 순서대로 순환한다고 보았고,[7] '인의예지'는 동서남북과 대응한다고 여긴 것이다. 그러므로 '원형이정'을 '인의예지'에 대입하면 원元은 인仁, 형亨은 예禮, 이利는 의義, 정貞은 지智에 해당한다. 이를 평이하게 해석하면 아래와 같을 것이다.

덕행 중에 인仁이 근본이니 모든 일의 시작이자 기초가 된다. 예법을 준수하는 것은 만사를 무리 없이 처리하여 순조로운 진행을 보장한다. 이익 앞에서 옳음을 생각하니 불의를 결코 저지르지 않는다. 성공을 거둠에 중용을 지키며 '오바'하지 않음에는 높고 깊은 지혜가 요구된다는 것이다.

그러므로 쿠빌라이는 국호의 배후에 담긴 뜻을 통해 본인은 유가 사상과 문화를 숭상하며 중원의 한족과 화목하게 공존공영하기를 바랐다고 해석할 수 있다.

위풍당당했던 군주 쿠빌라이는 몸은 비록 사막 너머 북방에 있었지만 포부와 지략은 이미 지역적 한계를 뛰어넘은 것이다. 그가 중원을 차지하고 위업을 이룬 것은 결코 우연이 아니었다.

돌이켜보면 송나라는 문文을 중시하고 무武를 경시했다. 또한 국내에 치중하고 외국을 등한시했다. 그에 비해 몽골족은 문을 경시하고 무를 중시하며 대외 정벌의 전통이 있었다. 이런 전통 이외에 또한 어떤 특징이 있었기에 쿠빌라이는 위대한 군주로 역사에 기록될 수 있었을까?

이 문제에 관해서는 다양한 학술적 관점의 허다한 해석이 있겠지만 이 자리에서는 언어와 문화의 각도에서 접근하도록 하겠다.

---

7 북반구에 살던 중국인의 관점에서 볼 때 해가
떴다 지는 과정은 동쪽에서 떠서 남쪽으로
갔다가 서쪽으로 기울어 북쪽으로 졌다.
그러므로 '동남서북'의 순서대로 순환한다고 본
것이다. -역주

먼저 언어의 관점에서 보면, 원나라를 세운 몽골족은 당연히 그들의 몽골어를 사용했을 텐데, 몽골족이 중원으로 들어와 중국을 지배한 것이 몽골어와 무슨 연관이 있다는 것일까?

쿠빌라이의 선의

몽골족이 몽골어를 사용했기에 중국을 지배할 수 있었다는 이야기가 아니다. 역사적으로 봤을 때 몽골족을 지칭하는 용어가 무엇이었는지 우선 살펴보도록 하자.

전설상의 삼황오제부터 하상주 시대까지 중국의 북방에는 유목민족이 활발히 움직였는데, 그들의 존재는 중국의 고전에 꾸준히 기록되고 있었다. 그들은 대개 '흉노匈奴'라는 명칭으로 기록되었다. 『사기 · 흉노열전』에 보면 "흉노가 있는데 그들의 선조는 하후씨夏后氏의 후예로서 순유淳維라 불렀다."[8]

사마천의 기록에 따르면 흉노족의 조상은 하후씨라는 것이다. 하후씨가 누군지는 낯설지 않다. 하나라의 기반을 닦은 대우大禹 및 그의 부족 그리고 훗날 건립된 하 왕조를 지칭한다. 그런데 하왕夏王이 아니라 하후夏后라 불렀던 데에도 물론 전설이 있다. 당시 관례에 따르면 대우를 백우伯禹라 했으므로 그의 아들 하계도 응당 백伯을 붙여 백계伯啟로 불러야 마땅하다. 그러나 왕위 계승을 놓고 하계와 투쟁했던 자가 백익伯益이었다. 이에 하계는 백伯이란 호칭

---

8 "匈奴, 其先祖夏后氏之苗裔也, 曰淳維."

을 혐오하여 후后로 고쳤다고 한다. 그러므로 하후씨란 호칭은 하계로부터 비롯되었다고 볼 수 있다. 역사 기록에 따르면 그 당시 후后는 군왕이라는 뜻이었다.

흉노는 독음이 비슷한 다양한 단어로 기록되기도 했다. 獯粥(훈육), 獯鬻(훈육), 獯育(훈육), 葷粥(훈육), 薰粥(훈육), 混夷(곤이) 등이 그것이다. 이를테면『수서隋書』[9]에 "헌원씨軒轅氏 이래로 훈육獯粥은 국방에 자주 근심거리가 되었다"[10]거나『모시정의毛詩正義』[11][12]에 "곤이混夷는 주周에 가까이 있어 자주 침범했다"[13] 등이 그러하다.

여기서 비교적 주목을 끄는 단어는 순유淳維이다. 음운학 연구에 따르면 흉노와 흉노 별칭의 상고음은 거의 같지만 순유만은 그와 달리 상당히 이질적이기 때문이다.

순淳에 대해『설문해자』는 이렇게 해석했다. "淥也(녹야)." 淥(녹)은 관개灌漑의 뜻이다. 관개란 물을 댄다는 것인데 이는 농경에 필요한 일이며 농업사회의 산물이다. 4000여 년 전의 대우大禹 시대 중원 지역에 관개용 도랑이 출현했다.『논어·태백泰伯』편에는 대우의 치수 사업을 칭송하여 "궁전은 소홀히 짓고 구혁溝洫에 열심이었다"[14]는 내용이 나온다. '구혁溝洫'이란 도랑이다. 또한『시경·소아』에 "泥池北流(니지북류), 浸彼稻田(침피도전)"이란 구절이 있는데, 위수渭水의 물을 북쪽으로 끌어 논밭에 댔다는 뜻이다. 그 밖에 은상 시대의 중원 민족은 물을 긷는 원시적인 기계 '길고桔槔'를 만들기도 했다.

한편 유維의 초창기 본뜻은 '물건을 묶는 굵은 밧줄'이었다. 이로부터 물건을

---

9 『수서』: 수나라 역사에 관한 최초의 기록이다. 저자들은 모두 박학다식한 학자였기에 내용과 형식 모두 높은 수준을 보여주고 있다. 중국의 정사로 25사가 있는데 그중에서도 상당히 잘 만든 역사서로 꼽힌다.

10 "自軒轅以來, 獯粥多爲邊患."

11 『모시정의』: 당나라 때 공영달孔穎達이

'소불과주소불파注(疏로써 注를 깨지 않음)'의 원칙에 입각하여 『모시전전毛詩箋傳』을 기준으로 삼고 수나라의 유작劉焯, 유현劉炫의 의소義疏를 바탕원고로 하여 편찬한 저술이다.

12 옛날 책은 어렵기 때문에 중국 사람들도 일종의 해석을 참고하지 않으면 해독하기 힘들었다. 이에 역대로 고적古籍에 대한 해석 작업이 정부 주도하에 혹은 개인적으로

묶는 행위를 뜻하게 되었고, 또다시 이로부터 물건 두 개를 묶어 함께 둔다는 뜻으로 확장되었다가 마침내 유지한다거나 계승한다는 뜻으로까지 발전했다.

그러므로 순淳과 유維를 합하면 관개의 전통을 계승하여 유지한다는 뜻이 된다.

이제 상상력을 발휘해보자. 어느 유목민족이 있는데 논밭에 물을 대는 관개의 전통을 유지하고 있다면, 그 전통은 누구로부터 계승한 것일까? 여기서 주목해야 할 기록은 앞서 언급했던 『사기』의 기록 "그의 선조는 하후씨의 후예"라는 내용이다. 『사기』의 기록은 대단히 중요하므로 자세히 분석할 필요가 있다.

그런데 공교롭게도 『전한기前漢紀』에 이런 내용이 있다. "흉노가 연제씨攣鞮氏에 이르렀다. 중국인들은 연제씨를 일러 탱리고도撐犁孤塗라 불렀다."[15] '탱리'는 당시 흉노족 언어로 '하늘'의 뜻이었고 '고도'는 '아들'의 뜻이었다. 그러므로 이 둘을 합치면 '하늘의 아들'이 된다. 흉노족의 수장을 선우單于라 했으므로 탱리고도선우는 '광활한 하늘의 위대한 아들'의 뜻이 된다. 이런 호칭은 중국 역대 황제들이 한결같이 그들 스스로를 천자天子라 칭했던 것과 똑같지 않은가?

더욱 재미있는 것은 위에서 거론했던 '연제'가 흉노족 언어에서 무슨 뜻인지는 확인하지 않았지만 고대 중국어에서 연攣의 초창기 뜻은 손가락으로 실을 매듭짓는다는 뜻인데, 이는 곧 끈으로 묶는다는 것이 아니겠는가. 또한 제鞮는 일종의 가죽신을 가리킨다. 그러므로 이 두 자를 합치면 '신을 묶다'거나

진행되었다. 이러한 해석을 여러 가지 명칭으로 일컫는데 주注(=註)가 있으며 그 밖에도 전傳, 전箋, 해解, 석釋, 소疏, 정의正義, 집해集解, 집주集註, 색은索隱 등 매우 다양하다. 단지 어떤 해석이 오래된 경우라면 그 해석을 다시 해석해주는 설명이 있는데 이런 것을 흔히 소疏라고 한다. '소불파주疏不破注'는 이런 관점으로 이해하면 된다. 『논어』를 예로 들면 위魏나라의

하안何晏이 주注를 달았고 그 하안의 주를 다시 남북조 시대 형병刑昺이 소疏를 달았고, 그 뒤로 송나라의 주자가 집주集註를 달았으며 그 뒤로 또 청나라의 유보남劉寶楠이 정의正義를 달았다. ―역주

13 "混夷與周相近, 數來犯周."

14 "卑宮室而盡力乎溝洫."

'이런 신의 양식이나 전통을 유지하다'로 해석할 수 있다. 여기서 상상력을 더욱 발휘하면 '어떤 족적足跡을 유지하고 계승하다'라고까지 이해할 수도 있을 것이다. 그렇다면 여기서 묻지 않을 수 없는 것이 유지한다고 했는데 과연 무엇을 유지한다는 것일까?

　이제 문화와 역사의 각도에서 이 문제를 살펴보도록 하자. 역사 기록에 따르면 기원전 200년 전쯤 한나라 초대황제 유방은 대군을 이끌고 묵돌선우冒頓單于[16]가 지휘하는 흉노 기병과 지금의 산서성 경내에서 격돌하게 되었다. 결과는 묵돌의 유인책에 말려 유방의 군대는 평성平城 동쪽의 백등산白登山에서 포위되고 말았다. 유방의 군대를 사방에서 에워쌌던 흉노 기병의 위용은 대단했다. 『한서』나 『사기 · 흉노열전』의 기록에 따르면 이러하다. "흉노 대군의 서쪽 기병대는 모두 백색의 준마였다. 동쪽은 모두 청색의 준마였다. 북쪽은 모두 흑색의 준마였다. 남쪽은 모두 적색의 준마였다."[17]

　이 부분에 이르면 중국 전통의 음양오행 사상이 떠오르는데 천지 사방과 색깔의 대응 관계가 그대로 적용되고 있다. '하늘은 검푸르고 땅은 누렇다'는 '천지현황天地玄黃', 그리고 동방은 청색, 서방은 백색, 남방은 적색, 북방은 흑색이라는 관념은 오랜 옛날 천지 사방에 제사를 지낼 때 사용했던 육기六器의 색깔과 완전히 일치한다. 동쪽에 제사지낼 때는 청규靑圭를 사용했고, 서쪽에 제사지낼 때는 백호白琥를 사용했고, 남쪽은 적장赤璋을, 북쪽은 현황玄璜을 사용했다지 않은가.[18]

　이상으로 보건대 흉노 군대는 오행五行의 사방 색깔을 완벽하게 실천한 것

---

15 "至匈奴攣鞮氏, 國人稱之曰撐犁孤塗."

16 묵돌선우: 흉노의 지도자로 성은 연제攣鞮이다. 아비를 죽이고 왕위에 오른 뒤 사방으로 정벌에 나서 강력한 제국을 형성했다. 한나라 초기에 수시로 만리장성을 넘어 중국을 공격했다. 한나라는 유화책의 일환으로 정략결혼을 시도했는데 종실宗室의 처녀를 공주로 둘러대 흉노의 지도자에게 시집을 보내기도 했다.

이다. 그렇다면 흉노 기병의 도열방식은 우연의 일치인지 민족 간의 융합 때문인지 궁금하지 않을 수 없다. 만일 후자의 결과라면 민족 간의 융합이 어떻게 시작되고 전개되어왔는지 근거를 가지고 설명해야 할 필요성이 대두된다.

일부 학자들은 '묵돌조이冒頓潮爾'라 부르는 몽골족 악기에 대해 연구하고 있는데, 이 악기는 중국 고대 중원 지역에서 유행했던 관악기 계열로 이른바 하약夏籥과 대단히 밀접한 관계가 있음을 발견했다. 이처럼 음악문화를 받아들인 몽골족이라면 하 왕조의 전통도 상당 부분 계승했으리라 짐작할 수 있다.

흉노족의 고대 명칭과 성씨 그리고 그들이 음악문화 등에서 보여준 특징을 고려하면 원나라 쿠빌라이 시대의 몽골족은 이미 다양한 민족의 융합이었을 것이고, 특히 그 융합 속에는 중원 민족의 피가 진하게 섞여 흘렀을 것이다. 이

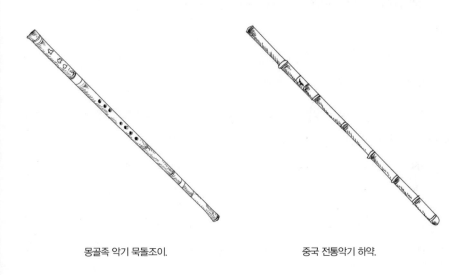

몽골족 악기 묵돌조이.   중국 전통악기 하약.

17 "匈奴騎, 其西方盡白馬, 東方盡靑駹馬, 北方盡烏驪馬, 南方盡騂馬."

18 이와 관련된 내용은 제2강 상商 부분에 자세하다. -역주

말은 물론 몽골족의 민족 정체성이 사라졌다는 것이 아니라 순수한 단일민족은 결코 아니라는 뜻이다.

이 밖에도 민족의 융합에 관한 유력한 근거는 얼마든지 찾을 수 있다. 그러므로 쿠빌라이가 대원大元이란 용어를 국호로 삼은 사건은 그저 단순히 유가사상을 존중하고 아울러 중원 민족에게 호의를 보여주는 데 그친 것이 아니라 높은 차원에서의 민족 화합이라는 깊은 의미가 작용했지 않나 싶기도 하다.

이런 관점에서 본다면 쿠빌라이가 중원으로 진입한 동기나 이유에 대해서도 학자들은 더욱 깊은 연구를 진행할 만하다고 하겠다.

이에 혁련발발赫連勃勃이라 불렸던 남흉노 지도자가 5세기 초에 대하大夏를 세웠던 역사가 떠오른다. 혁련발발은 흉노족의 후예이긴 하지만 실은 다양한 민족의 결합체인데도 정작 본인은 하나라 왕실의 후손이라 선포했으니 연구해볼 만한 주제가 아니겠는가.

몽골족의 원류나 문화전통에 대하여 순수하게 언어학적으로 접근해도 흥미로운 결과를 얻을 수 있다. 몽골어에서 '사망'을 뜻하는 용어의 발음이 '오호嗚呼'와 같다는 연구 보고도 있다.[19] 그런데 아시는 바와 같이 '오호'란 용어는 중국어에서 예나 지금이나 '사망'의 뜻으로 자주 사용된다. '嗚呼哀哉(오호애재), 一命嗚呼(일명오호)' 등의 용법이 그러하다. 이런 현상은 외래어 음역의 문제가 아니라 어원상 긴밀한 관계 내지는 동일한 어원이 아닐까 추정되는데, 이런 문제는 관련 학자들이 관심을 가지고 연구할 만한 주제이다.

요컨대 원나라 시대의 몽골족은 오랜 옛날 중원 지역 중국인의 DNA를 품

---

19 '嗚呼(오호)'의 현대 중국어 발음은 '우후'이다.
  -역주

고 있었으리라 추론할 수 있다. 이 점에 대한 깊은 이해는
중국 민족의 기원 및 형성 발전은 물론이고 각 민족 간
언어문화의 접촉과 교류 등을 연구하는 데 대단히 중요
한 단서가 될 것이다.

서진西晉 시기 혁련발발 정권이 발행했던
'대하진흥大夏眞興' 동전.

투박했던 원나라와 원곡

원나라 때 유행했던 문학 장르는 원곡元曲인데 중국인
들은 번곡蕃曲이나 호악胡樂이라 칭하기도 했다. 그러나
원곡의 근원을 따지면 수천 년 동안 누적된 중국 시가 및
음악 전통에 뿌리를 박고 있으므로 중국 땅에서 활동했
던 다양한 민족의 집단 창작이라 해도 과언이 아닐 것이
다. 바로 그런 이유 때문에 원곡은 당시唐詩나 송사宋詞와
어깨를 나란히 하면서 중국 문학사에서 또 한 송이의 진
귀하고 아름다운 꽃이 되었다.

중국 역대 봉건왕조는 대개 백성을 쉽게 통치하려고
이른바 우민정책을 실시했다. 백성이 어리석어야 통치계
층을 의심하는 소리가 줄어들 것이고 그런 상황이 조성
되면 통치계층은 그들이 원하는 대로 편하게 지배할 수

원곡을 소재로 제작한 특별 기념우표.

있기 때문이다. 원나라 역시 예외는 아니었다. 원나라 때 속담 중에 "구유십개
九儒十丐"가 있다. 그 당시 신분상 아홉 번째가 유생이고 열 번째가 거지라니
원나라 지배층이 얼마나 지식인과 문화전통을 무시했고 그리하여 중화 문화
의 기맥을 끊어놓았는지 알 수 있으며 또한 원나라가 비판받는 이유도 여기에
있다. 그런데 실상은 약간 달랐다. 원나라가 지식층을 탄압한 것은 사실이다.
또한 과거제도를 폐지한 것도 수십 년에 달했다. 그러나 원나라가 중원을 장
악하기 전, 그리고 원나라 통치 후기에는 과거제도가 있었다. 이 점에 대해서
는 『원사元史』[20]와 함께 원나라 연우延祐 연간에 진사 급제했던 황진黃溍[21]의 문
집으로 증명할 수 있다. 한편 원곡의 예술적인 성과에 대해서도 언급해야겠지

---

20 『원사』: 원나라의 흥망성쇠를 체계적으로
기술한 기전체紀傳體 단대사斷代史이다.
송렴宋濂·왕의王禕 등이 주편하여 명나라
초기에 완성했다. 몽골족이 발흥하여
원나라를 세우고 마침내 멸망하기까지의
역사를 기술했다.

21 황진: 원나라 때 유명한
사학가·문학가·서예가·화가였다. 평생

배움을 좋아하여 많은 책을 두루 섭렵했다.
글의 논리가 정연하고 항상 핵심을 찔렀다.
사람됨이 정직하고 청렴하여 당시 사람들은
그를 가리켜 얼음에 채운 항아리처럼 마음이
깨끗하고 맑으며, 옥으로 만든 잣대처럼 티끌
하나 없다고 칭송했다.

만 구구절절 이야기하느니 원곡의 거장으로서 관한경關漢
卿[22]과 마치원馬致遠[23]의 이름만 거론하기로 하겠다. 자세
한 것은 두 사람의 이름만 검색해도 충분히 짐작할 수 있
을 것이다.

이상으로 보건대 우리는 역사를 읽을 때 좀 더 넓은 시
야로 민감하게 다양한 각도에서 문제를 살피고 아울러
사소한 흔적에도 주의를 기울이는 것이 필요함을 알 수
있다. 지금까지 이야기했던 원나라만 해도 찬사와 비판이
반반이니 역사적인 일의 시비는 논하기 쉽지 않고 또한
섣불리 판단할 수 없음도 실감하게 된다.

여하튼 몽골 대제국 초창기 몇몇 지도자는 인걸이었
다. 하지만 혈통으로 이어지는 권력 이양은 선천적인 결
함을 피할 수 없다는 점이 가장 큰 한계였다. 그러므로 그
이전의 봉건왕조처럼 창업創業은 쉬웠으나 수성守成은 힘
들었다. 그토록 용맹하고 민첩했던 몽골족 기마 전사들은
한때 유라시아 대륙을 석권했지만 시간이 흐르면서 그들
역시 내리막길을 걷지 않을 수 없었다.

원나라의 마지막 황제 순제順帝는 비록 35년간 중국을
통치했지만 주원장朱元璋의 군대가 반기를 들자 허겁지겁
말을 달려 그들의 본래 터전이었던 만리장성 너머로 달

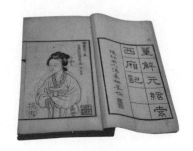

원곡 『서상기西廂記』.

---

22 관한경: 원나라 잡극雜劇의 기반을
닦은 작가로서 백박白樸, 마치원馬致遠,
정광조鄭光祖 등과 함께 '원곡 4대가'로
칭한다. 『두아원竇娥冤』이 대표작이다.
그의 산곡散曲 작품은 내용이 풍부하고
다채로우며 청신하면서도 힘찬 스타일이다.
서양 평론가들은 그를 일컬어 '중국의
셰익스피어'라 부른다.

23 마치원: '원곡 4대가'의 한 명으로 원나라 때
유명한 희곡 및 산곡 작가였다. 그가 지은
산곡 작품 『천정사天淨沙 · 추사秋思』는 가을의
쓸쓸한 분위기를 읊은 최고의 작품 중 하나로
꼽힌다.

아났다. 밀물처럼 밀려왔던 몽골 제국은 썰물보다 싱겁게 물러간 것이다.

주원장은 무슨 까닭으로 나라 이름을 명明이라 했을까? '명明'에는 '밝음' 이외에 또 무슨 오묘한 뜻이 담겨 있을까? 다음 장에서 그 내막을 하나씩 살펴보도록 하자.

제11강 = 명明 : 태양이 만물을 키우니

— 주원장은 명교明敎 출신
— 해와 달을 숭배했던 중국 문화
— 화火로 금金을 제압하다

명나라 개국황제 주원장은 목동의 신분에서 지존의 위치로 화려하게 변신했다. 그가 세운 나라를 대명大明이라 정한 데는 두 가지 원인이 있었다. 첫째, 그는 '빛과 밝음'을 숭상하는 일월신교日月神教의 신도였다. '빛과 밝음'의 일월日月이 그를 지상으로 보내 백성을 구하라 명했다는 것이다. 일日과 월月이 그를 이 땅에 보내 왕이 되었으니 명왕明王이고, 명왕이 세운 나라이니 명明나라가 된 것이다. 둘째, 중국인은 예로부터 해와 달을 숭상하는 습속이 있었다. 해와 달의 도움으로 천지만물이 번성하듯 인간도 해와 달의 가호 속에 자자손손 행복하게 이어지길 바랐다.

　　　　　　　　　원나라가 건립될 때 송나라가 완전히 망한 것은 아니었다. 양자강 이남으로 밀려간 남송南宋은 여전히 가쁜 숨을 몰아쉬며 버티고 있었다. 그러므로 원나라는 건국 초기부터 잔여 세력을 정복하지 않을 수 없었다. 원나라의 선조 몽골족은 본디 정벌과 확장을 밥 먹듯 하던 사람들인데 남송을 가만둘 리가 없었다. 그러나 계속되는 전쟁은 국력을 소모했고 전쟁 비용을 충당하고자 징세는 갈수록 가혹해졌다. 가렴주구에 백성들의 원망과 분노는 쌓여갔고 이에 반란세력이 나타나기 시작했다.

남경에 남아 있는 명나라 성벽.

　　반란세력 중에 주원장朱元璋이란 이가 있었다. 그는 당시 명교明敎(백련교白蓮敎라고도 함) 한림아韓林兒 집단에 투신했는데, 점차 주변을 자기편으로 끌어들이면서 세력을 형성하여 마침내 '리틀 명왕明王'이라 칭하던 한림아를 제압하고 원나라 공격의 주도 세력으로 부상했다.

　　1368년 8월, 주원장은 휘하 맹장 서달徐達, 상우춘常遇春 등과 함께 북경을 함락하고 같은 해 응천부應天府(지금의 남경)에서 왕위에 올라 명나라를 건국하게 된다. 1421년 주원장의 아들 주체朱棣는 순천부順天府(지금의 북경)로 천도하였다.

주원장.

　　원나라가 왕조의 이름을 정한 것처럼 명나라도 특정

지역으로 국호를 짓지 않고 명明을 국호로 삼았다. 주원장이 그렇게 정한 이유
는 무엇일까? 그 속에는 어떤 비밀이 숨어 있는 것일까?

주원장은 명교明教 출신

주원장은 자신이 한때 불교를 믿기도 했고, 또한 리틀 명왕 한림아 휘하에
있었던 과거를 숨기지 않았다. 주원장의 이런 경력이 국호를 '명'으로 결정하
는 데 영향이 있었을까?

명교明教는 미륵이 강림하면 명왕이 나타난다고 선전했는데 이런 믿음이
백성들 사이에 널리 퍼져 있었다. 수나라 · 당나라 때 페르시아로부터 전래된
마니교'는 중국 정부가 탄압할수록 불교 쪽으로 숨어들었고 마니교의 중국식
변종인 명교로 부활하자 신도는 갈수록 늘어났다. 이런 분위기에서 한림아는
리틀 명왕의 깃발을 올릴 수 있었던 것이고, 그의 아버지 한산동韓山童이 세력
을 결집하여 반기를 들 때 자신은 송나라 휘종의 8대 손이라 선전하기도 했다.
이는 곧 원나라를 무너뜨리고 송나라의 부흥을 바라는 백성들의 여망에 영합
했던 것이다. 주원장이 한림아를 제거하고 하늘의 사자인 명왕을 자처한 것도
백성들의 여망에 부응하고자 했기 때문이다.

명교의 기본 교의에 따르면, 이 종교를 '명'이라 칭하는 이유는 '빛과 밝음
[光明]'을 숭배하는 일월신교日月神教였기 때문이다. 또한 이 종교의 본거지를

---

1 마니교: 페르시아 고대 종교의 하나. 3세기경
　마니가 창립했다. 조로아스터교 · 기독교 · 불교
　및 영지주의 등을 버무려 교리를 만들었다.
　원나라 · 명나라 이후 기타 종교에 흡수되고
　말았다. 마니교 경전의 일부가 중국 감숙성
　돈황敦煌에서 발견되기도 했다.

2 『주역참동계』: 현실에서 무병장수와 행복
　성공을 추구하는 다양한 방법을 서술한 책으로

동한 시대 위백양이 지었다. 현존하는 도교
외단外丹 계열의 체계적인 이론서 중 가장
오래된 책이다.

3 불교가 중국으로 진입한 이후 도교가
　조직되면서 두 종교는 동행했다. 도교는 외래
　종교에 대한 중국 문화의 반응이므로 불교의
　제도와 의전을 차용하여 민간신앙의 한계를
　극복했다. 도교의 내용은 지극히 복잡한데 중국

광명정光明頂이라 부르는 것도 역시 이 때문이다. 이런 이야기는 김용金庸의 무협소설『소오강호笑傲江湖』등에도 흥미롭게 묘사되어 있다. 그런데 주원장은 응천부 군영 밖의 징병 깃발에 아래 열넉 자를 써넣은 적이 있다. "山河奄有中華地(산하엄유중화지), 日月重開大宋天(일월중개대송천)." 이 문구의 의도는 명확하다. 엄奄은 '미약하다'의 뜻이니 전체 의미를 풀어주면 대략 이럴 것이다. "만리 강산에 중화의 기맥이 미약하니 일월신교가 분연히 궐기하여 송나라를 부흥시키고 중원 사람들이 다스리는 세상을 열겠다."

주원장은 빈한하게 자랐기에 일반 백성들의 마음을 꿰뚫고 있었다. 백성들은 중국인이 중국을 다스리길 바랐고 또한 평소에 하늘과 땅 그리고 해와 달을 숭배했기에 하늘이 그들을 도와줄 것으로 믿었다. 그러므로 주원장은 몽골족을 몰아내고 송나라를 부흥시키겠다고 호언장담했고 일원신교의 교의로써 백성들을 선동할 수 있었던 것이다.

해와 달을 숭배했던 중국 문화

인류는 해와 달을 숭배하는 전통이 있었다. 중국도 물론 예외가 아니어서 해와 달을 둘러싼 허다한 신화와 전설 그리고 토템 신앙이 있었다. 동한 위백양魏伯陽이 지은『주역참동계周易參同契』[2/3]는 도교의 초기 경전인데 이런 내용이 있다. "하늘에 떠 있는 사물 중에 밝은 것으로 해와 달보다 더한 것은 없

문화의 다양한 성분을 망라했다고 보겠다. 예를 들면 신선神仙과 무술巫術, 방사方士와 술수術數, 운명론, 음양오행, 호흡과 체조, 장생불로 등인데 선진先秦 시대 도가의 무위자연無爲自然 사상이 위에서 언급한 여러 항목들을 관통했다. 이처럼 다양한 성분이 도교로 융합된 시기는 남북조 시대이며 그 과정은 점진적으로 진행되었다. 대체적으로 말하자면, 도교의 부적符籍 일파는 중국의 전통신앙 중 귀신을 부리는 무술巫術 부분을 계승했다. 한나라 말기 민간종교가 도교 활동으로 발전한 시기는 남북조 시대인데, 부적 일파는 이 시기 도교의 중요한 구성 요소이다. 단정丹鼎 일파는 전국 시대 이후 장생불사약을 추구하던 전통을 계승했다. 진시황제나 한 무제는 바로 이 몽상적인 단정 일파에 심취한 적이 있다. 단정 중에 외단外丹은 단약丹藥을 복용하여 장생을 추구했던 것으로 의약醫藥의 전통과 관련이

다."[4] 해와 달을 세상에서 가장 밝은 것으로 여겼음을 알 수 있다. 옛 중국에서는 해와 달에게 제사를 올리는 예식이 있었다. 춘분春分 때는 동문 밖으로 나가 해를 모셨는데, 이를 '조일朝日'이라 했다. 추분秋分 때는 서문 밖에서 달을 모셨는데 이를 '석월夕月'이라 했다. 그런 전통은『국어國語』[5],『사기史記』,『예기禮記』등 여러 고전에 많이 기록되어 있다. 그중『예기』의 기록은 이러하다. "천자는 봄에 해를 배알하고 가을에 달을 배알한다. 해는 새벽에 배알하고 달은 저녁에 배알한다."[6]

게다가 중국 각 지역의 다양한 민족 주거지에서 시대별로 해와 달 그리고

과보축일.

있다. 단정 중에 내단內丹은 호흡이나 체조를 통해 신체를 단련하는 양생법의 전통을 계승한 것이다. 그런데 이러한 단정 일파에서 일부 화학적인 지식이 파생되기도 했다. 갈홍과 도홍경은 단정의 외단파에 속하며, 구겸지는 내단파에 속한다. -역주

4 "懸象著明, 莫大乎日月."

항아분월.

별을 그리거나 새긴 토기가 고고학적 발굴로 많이 출토되었다. 또한 하늘에 제사를 지내는 암각화가 발견된 점으로 봐도 오랜 옛날 원시인들이 하늘을 얼마나 숭배했는지 충분히 짐작할 수 있을 것이다.

그 밖에 중국인이라면 남녀노소를 막론하고 누구나 알고 있는 신화전설로 과보축일夸父逐日과 항아분월嫦娥奔月이 있는데, 이것 역시 해와 달에 관한 이야기이다.

이와 같은 문화전통은 명明이라는 한자만 분석해도 그에 담긴 코드를 풀어낼 수 있다. 옛 중국인들의 마음속에 해와 달은 어둠을 물리치고 빛과 밝음을 가져오는 신령스러운 존재였을 것이다. 그러므로 빛과 밝음을 뜻하는 명明은 일日과 월月을 결합하여 구성했다. 일日과 월月의 갑골문 및 금문 글꼴은 다음과 같이 해와 달의 모습이다.

---

5 『국어』: 중국에서 가장 오래된 국가별
  역사기록이다. 주周 천자의 왕실을 비롯하여
  노魯나라 · 제齊나라 · 진晉나라 · 정鄭나라 ·
  초楚나라 · 오吳나라 · 월越나라 등 제후국의
  역사가 기록되어 있다. 각국 귀족 사이의 외교
  회담, 변론, 성명, 권고 등의 글이 실렸으며
  역사적인 사건이나 전설도 일부 기록되어 있다.

6 "天子春朝日, 秋夕月. 朝日以朝, 夕月以夕."

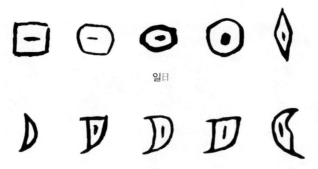

일日

월月

　물론 명明에도 다양한 이체자가 있다. 그중 하나가 명囧이다. 오른쪽의 월月은 그대로인데 왼쪽은 경囧으로 한국 독자에게는 무척 낯선 글꼴일 것이다. 그런데 경囧은 '창문'을 그린 모습으로, 창문과 달을 합하면 무슨 뜻이 되겠는가? 어두운 밤에 달빛이 창문을 통해 들어와 비추니 밝지 않겠는가? 여전히 '빛과 밝음'을 표시하고 있다. 이런 글꼴은 지금은 사용하지 않고 고적을 읽을 때 가끔 만날 수 있다.

　옛 중국인들은 해와 달을 무척 중시하고 주목했으므로 별칭 또한 풍부했다. 너무 많다고 부디 놀라지 마시길 바란다. 먼저 해의 별칭부터 열거하겠다.

　백구白駒, 금호金虎, 적오赤烏, 양오陽烏, 금오金烏, 금륜金輪, 화륜火輪, 적륜赤輪, 구경晷景, 분구奔晷, 주희朱曦, 희화羲和, 희화曦和, 양경陽景, 대명大明, 명광明光, 광주光朱, 서작曙雀, 구양九陽, 삼족三足, 비금飛金, 비비飛轡, 천양天陽, 천구天晷, 일거日車, 일두日頭, 일어日馭, 일륜日輪, 단령丹靈, 오양烏陽, 오륜烏輪, 오염烏炎, 육룡六龍, 화정火精, 화경火鏡, 동군東君, 백일白日, 백경白景, 현휘玄暉, 주명朱

明, 주염朱炎, 양파陽婆, 양정陽精, 홍륜紅輪, 적오赤烏, 적룡赤龍, 적우赤羽, 적치赤
幟, 적아赤鴉, 적평赤萍, 적개赤蓋, 양오暘烏, 이안利眼, 영오靈烏, 규훼規毀, 금정金
鉦, 염정炎精, 직오織烏, 조순趙盾, 소일素日, 상양翔陽, 혁희赫熹, 혁희赫曦, 준오踆
烏, 희어羲馭, 희양羲陽, 희륜羲輪, 희어羲御, 희요羲曜, 요령曜靈, 희거羲車, 요령耀
靈…….

이번에는 달의 별칭을 열거하겠다.

선연嬋娟, 망서望舒, 금파金波, 옥궁玉弓, 계전桂殿, 단선團扇, 옥계玉桂, 은대銀
臺, 오양五羊, 야광夜光, 청광淸光, 태청太淸, 섬여蟾蜍, 옥섬玉蟾, 상섬霜蟾, 소섬素
蟾, 빙섬冰蟾, 은섬銀蟾, 요섬瑤蟾, 섬궁蟾宮, 호섬皓蟾, 금백金魄, 원섬圓蟾, 금섬金
蟾, 섬백蟾魄, 소백素魄, 원백圓魄, 빙백冰魄, 계백桂魄, 요백瑤魄, 옥반玉盤, 금반金
盤, 은반銀盤, 원반圓盤, 광한廣寒, 상반霜盤, 금경金鏡, 옥경玉鏡, 원경圓鏡, 한경寒
鏡, 진경秦鏡, 요경瑤鏡, 금륜金輪, 은륜銀輪, 옥륜玉輪, 원륜圓輪, 빙륜冰輪, 상륜霜
輪, 고륜孤輪, 사륜斜輪, 옥토玉兔, 옥구玉鉤, 은구銀鉤, 수구垂鉤, 현구懸鉤, 금토金
兔, 백토白兔, 원토圓兔, 아미蛾眉, 현궁懸弓, 달아姮娥, 소아素娥, 단계丹桂, 수정반
水晶盤, 광한궁廣寒宮, 백옥반白玉盤, 태음太陰…….

별칭이 이처럼 많고 다양하다는 것은 곧 백성들이 그만큼 해와 달을 친근
하게 대하거나 경건하게 숭배한다는 뜻이 아니겠는가. 이런 문화전통에서 주
원장이 새롭게 건립한 왕조의 이름을 일日과 월月을 합친 명명으로 정했다는
것은 백성들의 염원은 물론이고 중국의 문화전통에 부응하려는 의도도 다분
히 있었을 것이다.

게다가 전통적인 음양오행설에 근거하면, 주원장이 '명'을 국호로 선택한 것도 무척 깊은 의미가 있어 보인다. '명'과 음양오행 사이에는 어떤 관계가 있을까?

오행학설에 따르면, 오행과 방위·계절·색깔 등은 고정불변의 대응관계가 있다. 남방은 불에 속하여 주작朱雀이며 적색을 주관한다. 북경을 수도로 정했던 원나라와 비교할 때 주원장의 위치는 남경이므로 남방에 속한다. 남방은 여름이고 양陽이며 불-화火에 속하는데, 이는 모두 광명光明, 즉 '빛과 밝음'이 아니겠는가.

화火로 금金을 제압하다

한편 중국에서는 역대로 '오행덕운五行德運'의 학설이 있었다. 왕조마다 오행 중 어느 하나의 기운이 사람의 덕德처럼 타고난다는 것이다. 이런 덕은 순환하므로 '움직일-운運'을 붙인 것이다. 원나라는 금金의 기운이니 금덕金德이다. 오행설에서는 화火가 금金을 제압한다. 주원장이 화火와 밀접한 관계가 있는 명明을 선택한 것도 원나라의 기운을 눌러 제압하려는 의도가 확연하지 않은가.

춘추전국 시대 음양가陰陽家 추연鄒衍이 창안했다는 '오행덕운'설은 코에 걸면 코걸이, 귀에 걸면 귀걸이 식으로 모호한 면이 다분했다. 왕조의 교체가 상

오행五行의 상생 상극 개념도.

생의 원리로 계승되는 것인지, 상극의 원리로 전복되는 것인지, 확실하지 않았던 것이다. 말하자면 앞 왕조는 뒤 왕조의 기초인지, 뒤 왕조는 앞 왕조의 천적인지, 매 왕조의 구체적인 덕이 도대체 수水 목木 화火 금金 토土 중에 어느 것인지 주장마다 다르기에 역대로 의견이 분분하지 않을 수 없었다. 게다가 사상계를 주도했던 유가 사상은 '오행덕운'에 대해 반대도 찬성도 하지 않는 애매모호한 태도를 취했다. 이를테면 그 유명한 주희朱熹7 같은 학자는 구양수歐陽修가 '절통絶統'을 주장하자 '무통無統'을 주장하여 역대 왕조가 정권의 정통

---

7 주희: 송나라 때 유명한 사상가·
 교육가·시인이다. 민학파閩學派의 대표적인
 인물이며 유가 사상을 집대성한 학자로서
 주자朱子로 존칭했다. 방대한 저술을 남겼으며
 특히『사서집주四書集註』는 국가 공인
 교과서로서 과거 시험의 표준 교재가 되었다.

8 한나라 때 동중서는『춘추번로·
 삼대개제질문』에서 삼통三統의 순환을
 주장했는데, 하나라·상나라·주나라가
 각각 흑통黑統·백통白統·적통赤統으로
 후세의 왕조는 이 계통系統의 순서대로 계속
 순환해야 한다는 것이었다. '오행덕운' 학설의
 영향을 받은 듯하다. 따라서 '절통絶統'이나
 '무통無統'의 '통統'은 계통系統의 뜻인데
 여기서는 우리말의 '정통正統'으로 간주해도

성을 강조하려고 이른바 '오행덕운' 같은 이야기를 강조했으나 실은 만능이론이 아니라고 비판했다.[8] 그런데 주희가 제자들과 나눈 대화에서는 한편 인정하는 듯한 발언도 있었다.

찬반양론이 어떻든 간에 이른바 '오행덕운'설이 중국 역사에서 강하든 약하든 영향력이 있었던 것만은 부인할 수 없다. 당시 기록에 따르면 명나라는 화덕火德에 속한다고 여긴 것도 분명하다. 예를 들어 명나라 서일기徐一夔 등이 편찬한 『대명집례大明集禮』의 「악樂・종률편鍾律篇」에 이런 내용이 나온다. "우리나라는 화덕火德으로 세상에 군림했다."[9] 명나라가 왜 '화덕'을 자처했을까 묻는다면 그건 송나라의 '화덕'을 계승하려는 뜻이었다고 설명하는 학자도 있다.

물론 그런 주장도 말이 되겠고 또 한편으로는 원나라의 금덕金德을 제압하고자 화덕火德을 자처했다는 주장도 일리가 있다. 그 와중에 원나라가 수덕水德이었다고 주장하는 학자도 있다. 이런 주장들은 학자마다 논거가 달라 발생하는 문제이므로 이설이 분분한 것은 당연한 일이다.

마지막으로 언급하고 싶은 이야기가 있다. 중국 고대에 '주명朱明'이란 단어가 있었다. 이는 '여름'을 뜻하기도 하고 '태양'을 가리키기도 했다. 모두 좋은 뜻이었다. 『한서漢書・예악지禮樂志』에 이런 구절이 있다. "朱明盛長(주명성장), 敷與萬物(부여만물)." 이 구절을 간명하게 번역하면 이렇다. "만물의 성장은 태양 덕분이다."[10] 주원장朱元璋의 주朱와 명나라의 명明을 합하면 주명朱明이 된다. 주원장이 나라를 세우고 나라 이름을 '명'이라 정한 것도 공교롭긴 하지만

무방할 듯하다. 따라서 절통이란 정통이 끊겼다는 뜻이고, 무통은 그런 정통이란 것이 아예 없으니 끊기고 말 일도 없다는 뜻이다. ―역주

9 "今國朝以火德王天下."

10 '朱明盛長(주명성장), 敷與萬物(부여만물)'을 직역하면, '해가 성하고 길어지니 만물이

자라고 커진다.' 태양의 햇빛이 지구상의 모든 생명체에게 에너지원이 된다는 뜻이다. 식물을 예로 들면, 동지冬至를 지나며 해가 길어지기 시작하고 춘분春分을 지나 낮이 길어지기 시작하면 식물은 싹이 트고 성장하기에 위와 같이 말한 듯하다. 물론 추분秋分이 지나 밤이 길어지기 시작하면 식물은 성장을 멈추고 열매를 맺어 후손을 남긴다. 초식 동물은 이런 식물과 열매를 먹으며 살아가고, 육식 동물은

이처럼 중국 전통문화에 근거한 것이었다.

오행의 상생이든 상극이든 간에 한때 불길처럼 일어났던 대명大明 왕조도 말기로 접어들자 환관이 득세하면서 급속히 몰락하기 시작했다. 1628년 명나라 숭정崇禎 황제가 등극하면서 그간 발호하던 환관 일당을 제거했지만 기울어가는 명나라를 바로 세우기에는 역부족이었다. 서북방에서는 농민 반란군이 횡행했고 동북방에는 누르하치의 만주족 기병이 압박하고 있었기 때문이다. 만주족과 대치하던 오삼계가 산해관山海關의 성문을 열고 투항하자 숭정 황제는 자결했고 이로써 명나라 왕조는 청淸나라로 변해버렸다.[11]

중국을 정복했던 만주족 청나라는 다른 소수민족과 달리 뭔가 특별한 것이 있었다. 그에 대한 이야기는 다음 장에서 잇기로 하자.

이런 초식 동물을 먹으며 살아가므로 결국 햇빛은 만물의 에너지원이 된다. -역주

11 원서는 이 단락에서 명나라 마지막 황제 숭정 임금이 북경 경산공원의 나뭇가지에 목을 매어 자살했다는 전설을 완곡하게 돌려 "목을 삐딱하게 옆으로 기운 듯한 나뭇가지(歪脖樹)" 이야기를 쓰고 있다. 나무에 목을 매고 자살하려 해도 옆으로 뻗어나간 가지가 있어야 줄을 걸 수 있다는 뜻이다. 그런 나무가 마침 있어서 거기서 자결했다는 것이다. 완곡한 어법이고 중국식 유머이긴 하지만 한국 독자가 이해하기는 쉽지 않다. 이에 관련된 역사 이야기를 조금 추가하여 마무리했다. -역주

제12강 ═ 청淸·· 도도하게 흐르는 강물처럼

─ 대금大金에서 대청大淸으로

─ 청淸과 명明의 대결

─ '청'에 담긴 또 다른 뜻

청淸과 청靑은 통하며, 청靑은 동방의 색이다. 해는 동쪽에서 뜬다. 따라서 청淸이란 글자는 만주족과 청나라 왕조가 태양처럼 대지를 두루 비춤을 상징하는 것으로 보았다. 또한 만주족의 발상지이자 본거지는 중원으로부터 볼 때 동방이었다. 이것 역시 청나라는 동쪽에서 흥기함을 예언한 것으로 보았다. 누르하치의 여덟째 아들인 황태극皇太極 홍타이지[1]는 중국의 유가 사상과 중원 문화에 익숙했다. 그는 도도하게 흐르는 강물의 기세로 해와 달의 불기운을 띠었던 명나라를 제압하려 했다.

1 황태극은 누르하치(1559~1626)의 여덟째 아들이었다. 부황 누르하치가 세운 후금後金을 이어받아 제2대 칸이 되었다. 재위 기간은 1626~1643년이며 연호를 천총天聰이라 하다가 1636년 국호를 청淸으로 바꾸고 연호도 숭덕崇德으로 바꾸었다. '황태극'은 만주어 '홍타이지Hong Taiji'의 중국어 음역이다. '홍'은 이름, '타이지'는 관직명이었다. -역주

　　　　　　　　　　　　몽골족의 원나라에 이어서 또 하나의 기
마민족 만주족이 중원으로 들어오고 있었다.

　　1616년 누르하치가 나라를 세우고 황제를 칭하면서
국호를 대금大金이라 정했다. 1636년 홍타이지가 왕위에
올라 국호를 대청大淸으로 바꾸었다. 1644년 이자성李自成
이 대순大順의 농민군을 이끌고 북경을 함락하자 명나라
숭정 황제는 왕궁의 뒤쪽 경산景山(그 당시는 매산煤山)에서
목을 맸다. 청나라의 섭정왕 도르곤[2]이 팔기 정예병을 이
끌고 만주족에 투항했던 명나라 장군 오삼계吳三桂를 지
휘하여 산해관을 돌파한 뒤 이자성의 농민군을 격파하고
북경에 주둔했다. 같은 해, 홍타이지의 아홉째 아들 순치
順治 황제는 북경으로 천도했고 천지와 조상께 제사를 올
려 전 중국을 지배하게 되었음을 보고했다.

누르하치.

순치順治 황제가 북경으로 천도했다.
사진은 완평성宛平城의 순치문順治門
전경.

대금大金에서 대청大淸으로

　　청나라 건국 초기에는 그들의 직계 조상 여진족女眞族
이 12세기에 세웠던 금金나라의 명칭을 그대로 답습했
다.[3] 그들은 무력을 숭상하는 습속과 전통이 있었는데, 금

---

2 '도르곤'은 청년 시절부터 이복형 홍타이지를
　따라 여러 전쟁에서 전공을 세웠으며, 그
　공으로 친왕에 책봉되었고, 팔기군 중
　정백기와 양백기를 관장하였다. 1643년(숭덕
　8년) 홍타이지가 급사하자, 조카이자
　홍타이지의 장자 숙친왕 후거와 황위를
　놓고 경쟁을 벌였으나, 결국 어린 조카인
　순치順治 황제를 대신 옥좌에 올리고 자신은
　섭정왕이 되어 죽을 때까지 국사를 결정하고

대권을 행사하였다. '도르곤'의 중국어 음역은
다이곤多爾袞. ─역주

3 역사적으로 구별하고자 금金나라의
　후신後身이란 개념에서 후금後金이라 칭한다.
　─역주

속과 무기는 매우 밀접하여 '쇠-금金'이란 단어가 마음에 들었기 때문이다. 그런데 청나라 초창기 지도자들이 자신만만하게 칼끝을 중원으로 향할 때 무슨 이유로 느닷없이 돌변하여 '삼수변氵(=水)'의 청淸으로 개명했을까? 쇳소리 위협적인 금국金國이 물처럼 부드러운 청국淸國으로 바뀐 이유는 무엇일까?

그들이 본성을 바꾼 게 아니었다. 실은 거기에 숨은 뜻이 있었다.

첫째, 아골타[4]가 건립한 금나라가 송나라 때 저지른 만행 때문에 중원 사람들은 치를 떨었다. 그러므로 국명을 바꾸는 것이 중원 사람들에게 거부감을 덜 줄 것으로 생각했다.

둘째, 금金과 청淸은 만주어든 중국어든 발음이 매우 유사하여 새로운 왕조가 탄생했다는 생경한 기분이 들지 않았다.[5]

셋째, 오행五行에 따르면 '금생수金生水', 즉 금에서 수가 생긴다는 것이므로 금나라로부터 '물-수水'의 청나라가 생기는 것은 자연의 섭리에 부합한다고 보았다.

이렇게 본다면 홍타이지가 국호를 변경할 때 상당히 신경을 썼음을 알 수 있다. 그런데 관련된 사료나 전설에 따르면 홍타이지가 국호를 '청'으로 변경한 배경에는 위에서 언급한 것 이외에 또 다른 이유가 있었던 것으로 보인다.

첫째, 민간전설인데 줄거리는 대략 이러하다. 홍타이지의 부친 누르하치가 무명시절 도망 중에 어린 청마靑馬 덕분에 목숨을 구한 적이 있다. 청마는 주인을 살리고 대신 죽은 것이다. 이에 누르하치는 훗날 황제가 되면 청마를 기념하여 국호를 대청大淸으로 삼겠노라 맹서했다. 그러므로 홍타이지가 국호를

---

4 완안아골타完顔阿骨打(1068~1123)는 금나라의 초대 황제이다. 완안은 여진어(훗날 만주어) 왕기얀Wanggiyan의 중국어 음역으로 '왕王'의 뜻이고, 아골타는 여진어 아구다Aguda의 중국어 음역으로, '관대한 아량'이라는 뜻이다. -역주

5 금金과 청淸의 한글 독음은 그다지 유사하지 않다. 그러나 중국어 발음으로 금金은

jin, 청淸은 qing이다. j와 q 발음은 모두 '설면음舌面音'으로 상당히 가까운 편이다. 만주어는 모르니 장담할 수 없지만 저자는 발음이 유사함을 확인한 듯하다. -역주

6 "시버족은 원대에 몽골의 통치를 받다가 원이 중국에서 축출되어 북방 초원으로 철수한 후인 15세기경부터 몽골의 일파인 우량하이의 지배를 받았다. 당시 그들의 거주

변경한 것은 부황의 유지를 따랐다는 것이다.

다만 민간전설이란 속성상 자꾸 부풀려지는 법이라서 시간이 갈수록 스토리가 복잡해졌다. 일부 버전은 소청小靑이라는 하녀와 함께 거대한 황구黃狗 그리고 한 무리의 까마귀까지 등장했다. 이 버전에 따르면 만주족이 개고기를 먹지 않는다거나 까마귀를 보호하는 습속은 이로부터 유래했다고 한다.

민간전설은 아름답지만 아무래도 과장된 측면이 있다. 그렇다면 관련된 사료를 찾아보기로 하자. 『청태조실록淸太祖實錄』에는 국명과 관련된 홍타이지의 발언이 기록되어 있다.

만주족의 기마 복장.

우리나라는 본디 만주滿洲 합달哈達 오라烏喇 엽혁葉赫 휘발輝發 등으로 호칭했다. 그런데 근자에 무지한 자들이 '제신諸申'이라 부르고 있다. '제신'은 '시버족(Sibe, 錫伯)'[6] '초오 머르건coo mergen'[7]의 후예로서 우리와는 무관한 종족이다. 우리나라를 만주라 칭한 것은 뿌리가 있는 오래된 전통이다. 지금부터 누구든 우리나라를 원래의 이름인 만주라 칭해야지 망령되게 엉뚱한 이름으로 부르지 말지어다.[8]

지역은 명확하지 않지만 만주지역 눈강嫩江의 최대 지류로서 현재 길림성 북부와 내몽골 동부를 흐르는 토오르 강(Ma. toor bira, 洮兒河) 유역이었던 것 같다. 이후 시버족은 점차 동쪽으로 이동하여 눈강과 송화강의 합류 지역 일대에 거주했다. 명나라 중반에 몽골 코르친부의 일부가 후룬버이르 지역으로부터 눈강 유역으로 이동해온 후 시버족은 점차 이들 코르친의 지배를 받게 되었다. 당시 시버족의

거주 지역은 코르친과 해서 여진의 사이에 위치해 있었다." 자세한 것은 다음 내용 참고. http://blog.daum.net/hojun6872/668 -역주

7 '초오 머르건'은 만주어 발음인데 한자로 음역하여 '超墨爾根(초묵이근)'이라 표기한 것이다. '超墨爾根'에서 '超'는 인명, '墨爾根'은 명사수 혹은 현자의 뜻이다. 자세한 것은 중국 요령사범대학 역사학과 도홍지都兴智의

홍타이지가 언급한 명칭들은 실은 여진족의 초기 부락 이름으로 부족의 호칭이었다. 그중 '제신'은 청나라 초기 문헌에 나오는 여진의 다른 이름이었다. 예를 들어 『만문노당滿文老檔』[9]에 이런 구절이 있다. "이 여자가 모함하는 소리로 제신국諸申國을 부추겨서 싸움을 일으켰다."[10] 이렇게 본다면 여진은 훗날 만주족의 주요 구성원이었음을 알 수 있다. 물론 홍타이지 당시의 만주족은 이미 단일민족이 아니었다. 건주建州 여진과 해서海西 여진을 기반으로 동해東海 여진과 한족漢族, 몽골족 및 조선족까지 흡수하여 형성된 새로운 민족공동체였다.[11] 구성원 중에 건주 여진을 만주족의 정통으로 보아 불만주佛滿洲라 칭했고, 그 밖의 민족 구성원은 이철만주伊徹滿洲라 칭했는데 여기서 불佛과 이철伊徹은 당시 만주어에서 '구舊'와 '신新'의 뜻이었다.

그런데 근거가 박약하지만 홍타이지는 황제의 권위로써 만주족은 여진에

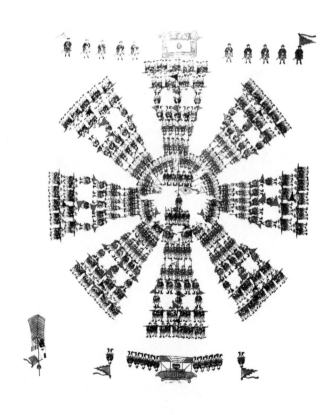

팔기군대도.

청나라 만주족의 선조들은 물과 풀이 풍부했던 광활한 초원 지대에서 생활했다.

서 유래된 것이 아니라고 주장했다. 그가 했던 말 중에 "명나라는 송나라의 후
예가 아니고, 우리도 금나라의 후예가 아니다"라는 주장도 역시 같은 맥락이
었다. 이어서 그는 만주를 앞으로 유일한 호칭으로 삼겠다고 선포했다. 그런데
만주滿洲는 두 글자 모두 '삼수변氵(=水)'이 붙어 있어 청淸과 마찬가지로 '물'
과 긴밀한 관계가 있다.

만주라는 용어는 15세기 조선의 학자 서거정徐居正이 지은 『필원잡기筆苑雜
記』[12]에 최초로 등장한다. 홍타이지가 그들의 민족을 만주로 결정했을 때보다
150년이나 앞선 기록이다. 또한 『만문노당』의 기록을 보면 명나라 만력萬曆 연

논문 「錫伯族源出女真论」(吉林大学社会科学学报, JILIN
UNIVERSITY JOURNAL SOCIAL SCIENCES,
1997年 02期)을 참고. -역주

8 "我國原有滿洲, 哈達, 烏喇, 葉赫, 輝發等名. 向者無知
之人, 往往稱爲諸申. 夫諸申之號乃席北超墨爾根之裔,
實與我國無涉. 我國建號滿洲, 統緒綿遠, 相傳奕世. 自
今之後, 一切人等, 只稱我滿洲原名, 不得仍前妄稱."

9 『만문노당』: 청나라 홍타이지 시기에 정부
주도로 편찬한 역사책이다. 천명天命 기원전
9년부터 천명 11년까지(1607~1626), 천총天聰
원년부터 6년까지(1627~1632), 숭덕崇德
원년(1636) 등 총 27년의 역사 기록 문서이다.

10 "此女用讒言挑唆諸申國, 致啓戰端."

11 명나라 말기 여진족은 중국 동북방의 세

간에도 만주족을 지칭하는 용어로 사용되고 있다. 민족의 명칭으로서 만주는 홍타이지가 최초로 거론한 것은 아니지만 확정지었다는 점에 있어서는 홍타이지의 공로가 크다고 하겠다.

그렇다면 홍타이지가 민족의 명칭을 만주로 변경한 이유는 무엇일까? 만일 '오행덕운五行德運'[13]의 각도에서 추론한다면 '금생수金生水'의 이론에 따랐기 때문일 것이다. 하지만 홍타이지의 입장에서는 한때 크게 융성했던 명나라를 염두에 두지 않았을 리가 없다. 만일 그러하다면 만주滿洲나 청淸에 모두 붙어 있는 '삼수변氵(=水)'이 명나라와 무슨 관계가 있을까?

청淸과 명明의 대결

음양오행의 '오행덕운'설에 따르면, 명나라는 앞에서 말했듯 화덕火德이었기에 '화극금火克金'의 원리에 따라 금덕金德의 금나라를 제압했다. 그런데 명나라 주원장은 미래를 내다볼 능력은 없었는가 보다. 사마귀가 매미를 노릴 때 사마귀 뒤에는 참새가 노리고 있었다는 격언이 있다. 홍타이지는 어릴 적부터 유가 사상과 중국 문화에 심취했기에 음양오행설에 대해서도 해박하여 상극相克의 원리로 명나라를 제압하려 했다. 그가 민족의 명칭과 국호에 모두 '삼수변氵(=水)'을 붙인 것은 도도한 물줄기로 명나라의 불길을 잠재우려는 뜻이었다.

지역에 분포되어 있었다. 동북쪽으로 동해여진, 중앙의 해서 여진, 백두산 이북의 건주여진이다. 바로 이 건주 여진이 누르하치를 중심으로 하는 후금과 청나라의 근간이 되었다. -역주

12 조선 왕조(1392~1910) 초기의 학자 서거정이 야사를 수집하여 한문으로 기록한 책이다. 옛날부터 전해오던 전설과 민담 중에

계몽적이고 교훈적인 것을 뽑아 편찬했다.

13 '오행덕운'에 관해서는 제11강 명明 부분을 참고. -역주

청나라에 이르자 '오행덕운'설은 몰락하여 예전처럼 막강한 영향력은 사라졌다. 그러나 앞서 언급했듯 영향력의 크고 작음과는 무관하게 그런 관념은 여전히 존재했던 것이다. 그러므로 청나라 초창기 지도자들이 설령 '덕운'을 그다지 중시하지 않았다 하더라도 그런 학설의 내용이 무엇인지 몰랐을 리는 없다. 게다가 명나라 문헌에 명나라가 '화덕'이라는 내용이 그토록 많은데 청나라 초기 지도자가 그런 것을 이용하지 않았을 리가 있겠는가.

홍타이지가 민족의 명칭과 국호를 정할 때 정말 '삼수변 氵(=水)'을 고려했는지 의심스럽다는 주장도 물론 있다. 우연의 일치일 수도 있기 때문이다. 그렇다면 아래와 같은 경우는 어떻게 해석해야 마땅할까?

우선 한자를 가지고 이야기를 시작하자. 만滿이나 청淸은 일단 놔두고 만주의 주洲를 살피면, 이 글자는 본디 강이나 호수 혹은 바다 가운데 솟아 있는 육지를 뜻했다. 초창기 글꼴은 아래와 같다.

흐르는 물길 가운데에 섬처럼 모래톱이 보인다. 모두 처음에는 '삼수변 氵(=水)'이 없었다. 훗날 '삼수변 氵(=水)'을 붙여 주洲로 사용하자, 정작 주洲는 그 본

신개류문화 유적지 흥개호興凱湖의 가을 풍경.

뜻이 사라지고 엉뚱하게 행정구역의 명칭으로 전용되었다. 명나라 때의 행정
구역 '부주현府州縣' 제도나 청나라 때의 행정구역 '도부청주현道府廳州縣' 제도
가 그것이다.

　한편 만주족의 기원으로부터 살피자면, 그들이 대대로 생활했던 공간은 거
의 대부분 고산준령이거나 광활한 초원 지대였다. 설령 신석기 시대의 '신개
류문화新開流文化'[14]까지 거슬러 올라가 만주족의 시조로 고증된 숙신인肅愼人
들이 어업과 수렵으로 생활했다 하더라도 전체적으로 보았을 때 그들을 수변
水邊 민족으로 보기는 힘들 것이다. 따라서 홍타이지가 '滿州(만주)'를 민족의
호칭으로 정했다면 그나마 말이 된다. 주州는 일정한 구역을 표시하기 때문이

---

14 신개류문화: 지금까지 흑룡강성에서 발굴된
　숙신肅愼 문화로서 같은 문화권 중에 규모가
　가장 크고 유물도 매우 다양하여 초창기
　숙신인들의 어렵활동, 예술조작, 종교신앙,
　민속의례 등을 체계적으로 파악할 수 있다.
　다방면에 걸쳐 최고의 문명을 이룩한 것으로
　추정된다.

다. 앞서 언급했던 '불만주佛滿洲'의 건주建州 여진은 여진족의 특정 구역을 지칭하여 건주라고 하지 않았는가.

그런데 홍타이지는 끝내 주州를 버리고 주洲를 택했다. 그는 왜 꼭 '삼수변氵(=水)'이 붙은 주洲를 원했을까? 수水가 그에게 특별한 의미가 없다면 군이 그랬을까?

잠시 말머리를 돌려보자. 만주를 만주어로 읽으면 그 발음이 중국어의 만수曼殊와 같으므로 '만주'는 '만수'의 뜻이라는 설도 있다. 그런데 '만수'는 불교를 믿거나 불교에 관심 있는 분에게는 귀가 번쩍 뜨이는 단어일 것이다. 만수는 수행자를 가르치고 인도하여 피안에 이르게 돕는 문수보살文殊菩薩이기 때문이다. 문수는 지혜와 맑고 밝음의 화신인 것이다. 그렇기에 학자에 따라서는 홍타이지가 민족의 명칭으로 '滿洲(만주)'를 결정한 것은 지혜로운 군주가 되려는 의도였다고 풀이하기도 한다.

신개류문화 유적 기념비.

'청'에 담긴 또 다른 뜻

개중에는 '물-수水'를 떠나 방위의 관점에서 청淸에 담긴 뜻을 파악하려는 학자도 있다.

오행학설과 방위 그리고 색깔의 대응관계에 따르면, 동쪽은 청색靑色에 해당한다. 『설문해자』는 청靑을 이렇게 해석했다. "東方色也(동방색야)." 동쪽의 색깔이란 뜻이다. 만주족의 발상지와 본거지는 중국의 동쪽에 위치했다. 그러므로 이런 주장을 하는 학자는 '푸를-청靑'과 '맑을-청淸'은 서로 통한다는 점을 전제로 하여 국호를 청淸으로 결정한 것은 만주족의 발상지를 표시함과 동시에 동쪽에서 뜨는 태양처럼 만주족과 청나라는 대지를 두루 비추고 모든 생명체를 성장시키듯 영원히 이어지며 발전하기를 바랐다는 것이다.

하지만 영원한 것이 어디 있으랴. 그저 유한한 인간의 부질없는 욕심이었을 뿐이다. 진시황, 한 무제, 당 태종, 송 태조, 일세의 영웅 칭기즈 칸, 그들이 아무리 한때 대단했어도 장구한 역사의 흐름에서 본다면 결국 포말처럼 나타났다 사라지고 말았다. 지난 왕조의 개국황제 및 그 후계자, 그들의 단점이나 허점을 찾아서 비판하는 것도 물론 필요하지만 오히려 그보다는 중국 문화의 원류를 거슬러 올라가 그 근원을 탐색하고 이어서 다양한 민족들이 교류하고 융합하여 이룩한 중국 문화 콘텐츠를 우리가 함께 공유하는 것이 훨씬 유익하고 멋질 것이다.

왕조의 명칭은 사람의 이름과 같다. 사람들의 이름을 유심히 보라. 아름다운 뜻이 담겨 있기도 하고, 부모나 어른들의 간절한 소망이 기탁되기도 한다. 어떤 이름은 그저 남과 구별되는 부호에 불과하고 또 어떤 이름은 형제자매의 순서를 표시하는 것으로 대신하기도 한다.[15] 하지만 인간 중에 가장 존귀했던

---

[15] 한국도 그렇게 작명하는 예가 있다. 역자의
친척 동생 중에 삼형제가 있는데 그 이름이
흥미롭다. 맏이는 일호, 둘째는 이호, 막내는
삼호이다. 순서대로 지어준 것이다. ―역주

황제는 자신의 이름을 어느 누구도 감히 사용하거나 입에 오르내리는 것을 허용하지 않았다. 그런 것을 일컬어 피휘避諱라 했다. 황제 개인의 이름에도 이토록 각별히 신경 썼는데 하물며 황족의 명칭이나 국호에 대해서는 오죽이나 심혈을 기울이고 기대를 했겠는가. 특히 국명을 정할 때 중국 수천 년의 문화가 개입되면 근대화 교육에 익숙한 젊은 세대는 그 함의를 이해하기 쉽지 않다.

그러므로 중국 역대 왕조의 명칭을 탐구하는 것은 단순한 흥밋거리에 그치는 것이 아니라 실은 중국 문화의 저변을 탐색하고 그 정수精髓를 살피는 일이 될 것이다.

중국의 역사와 문화에 어떻게 접근할 것인가? 왕조의 이름을 분석하며 근원을 탐색하는 것이 제법 흥미롭고 의미 있는 출발점이 될 수 있다. 물론 그 과정에서 자연스럽게 관련 한자도 뿌리부터 공부하므로 일석이조이다.[16]

---

16 원서는 이 단락의 마지막 구절을 아래와 같이 마무리했다. "우리의 조국 우리의 민족은 더욱 융성 발전하고 우리의 중국 문화는 영원히 이어질 것이다." 한국 독자에게는 다소 거북하거나 유치한 표현이므로 역자가 원서 전체의 의미를 감안하여 '소설'을 썼으니 양해를 구한다. ─역주

옮긴이 해설_중국 역대 왕조 명칭 일람(이인호)

하夏-상商(은殷)-주周-진秦-한漢-위촉오魏蜀吳-진晉-(남북조南北朝)-
수隋-당唐-요遼-(오대십국五代十國)-송宋-서하西夏-금金-원元-명明-
청淸-중화민국中華民國-중화인민공화국中華人民共和國

---

* 남북조南北朝: 9. 진晉 참고
* 오대십국五代十國: 12. 요遼 참고

1. 하夏(약 기원전 21세기~약 기원전 17세기)

전설의 성왕 순舜 임금이 치수 사업에 성공한 우禹에게 왕조를 물려주었다.
'우'는 하백夏伯에 봉해진 적이 있기에 새로운 왕조를 하夏로 정했다. 일설에는
'우'의 아들 계啓가 서쪽으로 이동하여 대하大夏 지역에 정착한 뒤 비로소 하夏
라 칭했다고도 함. '대하'란 지금의 산서성 남부 지역.

2. 상商(약 기원전 17세기~약 기원전 11세기)

상 왕조의 시조는 설契(사람 이름-설). '설'은 '우'의 치수 사업을 도운 공로로 상
商에 봉해졌다. 상商은 지금의 하남성 상구현商丘縣 남쪽. '상' 지역에 산다고 하
여 '상족'이라 불렀다. 상족의 후손들이 하 왕조의 마지막 폭군 걸桀을 제압하

고 새로운 왕조를 세웠는데, 나라 이름을 상商이라 했다. 그 이후 19대 반경盤庚에 이르러 도읍지를 은殷으로 옮겼는데, 지금의 하남성 안양시安陽市 서북방이다. 그러므로 상 왕조를 은 왕조라 부르기도 하고, 심지어 합쳐서 은상殷商이라 부르기도 한다.

3. 주周(약 기원전 11세기~약 기원전 256년)

주 왕조의 시조 중에 '고공단보古公亶父'가 부족을 이끌고 주원周原으로 이주했는데, 지금의 섬서성 기산岐山 부근이다. 무왕武王에 이르러 상 왕조의 마지막 폭군 주紂를 제압하고 새로운 왕조를 세웠다. 선조가 정착하여 번성하기 시작했던 근거지 주원周原을 기념하여 주周로 명명했다. 초창기에는 호鎬(지금의 섬서성 서안시 서남쪽)에 도읍을 정했다. 기원전 770년 제13대 평왕平王 때 전임 유왕幽王의 실정과 서쪽 유목민족의 침입 때문에 동쪽으로 천도하여 낙읍洛邑(지금의 하남성 낙양)에 정착했다. 이 사건을 분수령으로 그 이전을 서주西周, 이후를 동주東周라 한다. 춘추전국 시대가 곧 동주東周이다.

4. 진秦(기원전 221년~기원전 207년)

진秦 부족의 시조는 백익伯益이며, 그의 후손 중에 비자非子는 말을 사육하여 크게 성공했다. 이에 주周 왕조의 효왕孝王이 진곡秦谷(지금의 감숙성 천수시 서남방) 일대를 하사했다. 기원전 770년, 주 왕조의 평왕이 낙읍으로 천도할 때 호위한 공로로 제후국에 봉해지며 진秦이라 명명했다. 그 이후 착실히 국력을 키워 진시황제에 이르자 마침내 동방 여섯 제후국을 제압하고 중국을 통일했다.

5. 한漢(기원전 202년~서기 220년)

진나라가 무너진 후 항우項羽가 권력을 잡아 그 당시 함께 봉기했던 리더들을 각지에 봉封했는데 유방劉邦에게는 한중漢中 지역을 주어 한왕漢王이라 칭했다. 훗날 유방이 항우를 제압하고 중국을 통일하여 새로운 왕조를 세웠다. '한왕'

이었기에 국호를 한漢이라 지었다. 중간에 왕망王莽이 정권을 빼앗아 신新(8년 ~23년) 왕조를 건립했던 때를 기준으로 그 이전을 전한前漢, 그 이후를 후한後漢 이라 부른다. 물론 전한의 도읍은 서쪽의 장안長安이었고, 후한의 도읍은 동쪽의 낙양洛陽이었기에 서한西漢·동한東漢으로 구분하기도 한다.

6. 위魏(220년~266년)

동한 말년, 헌제獻帝는 조조曹操를 위군魏郡에 봉하고 위공魏公이라 불렀다. 조 조의 아들 조비曹조가 '위공'을 계승하고 헌제로부터 황제의 자리를 이어받아 위魏를 건국한 것이다. '조'씨의 '위'나라이므로 역사적으로는 흔히 '조위曹魏' 라 부른다.

7. 촉蜀(221년~263년)

유비劉備의 근거지는 지금의 사천四川 지역인데, 옛날에는 촉국蜀國이 있었기 에 촉蜀이라 불렀다. 한나라의 시조 유방의 적통嫡統이라 자부하여 '촉한蜀漢' 이라 부르기도 했다.

8. 오吳(229년~280년)

손권孫權이 활동했던 양자강 하류 일대는 춘추전국 시대에 오吳나라의 영역이 었다. 또한 조위曹魏 정권은 손권을 오왕吳王에 봉했기에 역사적으로 손오孫吳라 칭한다. 삼국 시대에 오나라는 동쪽에 위치했기에 동오東吳라 부르기도 했다.

9. 진晉(265년~420년)

조위曹魏 정권에서 혁혁한 전공戰功으로 점차 부상하여 실권을 장악해가던 '사 마씨' 집안의 사마소司馬昭는 위나라 황제를 협박하여 본인을 주周 왕조시대의 진晉나라 지역(지금의 산서성 지역)에 봉하고 진공晉公이라 칭했으며, 촉蜀을 멸 한 후로는 진왕晉王으로 승격했다. 그 뒤 사마소의 아들 사마염司馬炎이 작위를 계승했고 265년 위나라 황제를 퇴위시키고 스스로 황제에 오르면서 국호를 대진大晉(=西晉)이라 정했다. 280년 손오孫吳까지 멸해 중국을 통일했다. 그 이후 내란으로 쇠락하면서 북방 유민족들이 대거 몰려들자 동남방으로 이동하여 동진東晉이라 칭함. 그 후 유유劉裕가 동진을 멸하고 유송劉宋을 세우면서 남조南朝로 이어짐. 이후 남북조 시대로 접어든다. 북조는 북위北魏 동위東魏 서위西魏 북제北齊 북주北周로 이어졌고, 남조는 동진東晉 이후 송宋 제齊 양梁 진陳으로 이어지다가 마침내 수隋로 통일되었다.

10. 수隋(581년~618년)

양충楊忠은 남북조 시대 북주北周에서 수국공隨國公에 봉해졌다. 양충의 아들 양견楊堅이 북주 정권을 탈취하여 새롭게 건국하여 수隨나라로 명명했다. 그런데 수隨의 뜻이 불길하다 싶어 '달릴−착辶(=辵)'을 빼고 수隋로 개명했음.

11. 당唐(618년~907년)

서위西魏 시절에 무공으로 이름을 날렸던 이호李虎는 함께 활약했던 우문태宇文泰가 북주北周를 세우자 당국공唐國公에 봉해졌다. 작위는 수隋나라 때 손자 이연李淵까지 계승되었고, 이연이 봉기하여 수나라를 접수하고 새로운 왕조를 세우자 당唐이라 명명했다.

12. 요遼(907년~1125년)

918년 거란족을 통일한 '야율아보기耶律阿保機'는 국호를 거란契丹으로 정했는데, 947년 중원을 공격하여 오대십국五代十國 시대 후진後晉을 멸하고 요遼로 개명했다. 본거지가 요하遼河 상류였기 때문이다. 1125년, 금金나라에 망했다.

(오대십국)

5대(중원 지역의 할거 정권): 후량後梁, 후당後唐, 후진後晉, 후한後漢, 후주後周

10국(중원 이외 할거 정권): 전촉前蜀, 후촉後蜀, 오吳, 남당南唐, 오월吳越, 민閩, 초楚, 남한南漢, 남평南平(형남荊南), 북한北漢

13. 송宋(960년~1279년)

오대십국(당송 교체 혼란기) 시절 후주後周는 조광윤趙匡胤을 '귀덕歸德' 절도사에 임명했는데, 주둔지는 송주宋州(지금의 하남성 상구)였다. 그 후 병사들이 조광윤을 황제로 추대하여 '후주'를 접수하고 새로운 왕조를 세워 송宋이라 명명했다. 재위 기간에 중원 지역의 할거 정권을 평정했고, 동생 조광의가 중원 이외 지역마저 평정하여 중국을 다시 통일했다.

14. 서하西夏(1038년~1227년)

서북방 소수민족 당항족党項族이 건립한 나라. 하주夏州(지금의 산서성 횡산현)를 점령하면서 세력이 커졌기에 국명을 대하大夏로 정했다. 중국 입장에서는 중원의 서쪽에 있었기에 서하西夏로 불렀다.

15. 금金(1115년~1234년)

여진족 금나라의 수도는 '안출호按出虎'강 유역이었는데, 그 강에 사금砂金이 많았다. 여진어 '안출호'는 황금을 뜻한다. 요나라를 멸하고 송나라를 압박하자, 송나라는 남쪽으로 밀려가 남송南宋이 되었다.

16. 원元(1271년~1368년)

칭기즈 칸의 손자 쿠빌라이가 중국을 정복하고 1271년 대몽골大蒙古을 원元으로 개명하여 초대 황제에 올랐다. 1272년 지금의 북경으로 천도했고, 1279년 남하하여 남송南宋마저 멸해 중국을 통일했다. 『주역』건괘乾卦의 단사彖辭에 '대재건원大哉乾元'이 있는데, 쿠빌라이가 이로부터 취했다고 한다.[1]

17. 명明(1368년~1644년)

원나라 말기 봉기군에는 백련교白蓮教 조직원이 많았는데, 백련교의 원류는 광명교光明教였다. 어둠을 이기는 밝음의 종교였다. 주원장朱元璋도 백련교 신도였다. 원나라를 전복하고 새로운 왕조를 세우며 원나라의 어둠을 이겼던 밝음의 나라라는 취지로 국호를 명明으로 정했다.

18. 청淸(1636년~1912년)

만주족은 본디 여진족의 일부였다. 여진족은 송나라 때 금金나라를 세웠다. 금나라는 그 당시 거란족의 요나라에 밀렸는데, 거란어 요遼는 철鐵의 뜻이므로, 쇠를 제압하고자 국호를 금金으로 정했다. 금나라가 요나라를 제압하고 중원으로 진출하여 송나라를 압박하자, 송나라는 망하고 남쪽으로 밀려 남송南宋이 되었다. 그런 금나라도 몽골족 원나라에 망했다. 원나라는 다시 명나라에 망했다. 명나라 말기, 여진족이 다시 강성해져 '누르하치'가 대금大金을 건국했다. 앞서 금金나라가 있었으므로 후금後金이라 부른다. '누르하치'의 여덟째 아들 청 태종 황태극은 여진女眞을 만주滿洲로 개명하여 몽골족 거란족 등을 휘하로 끌어들였다. 또한 국명도 금金에서 청淸으로 바꾸었다. 만주어의 금金과 청淸은 비슷하게 발음한다. 금나라가 송나라를 멸했기에 한족의 경계심을 풀려는 의도였을 것이다.

19. 중화민국中華民國(1912년~현재 대만)
중화인민공화국中華人民共和國(1949년~현재 중국)

손문孫文이 이끌던 중국 국민당國民黨은 청나라를 전복하고 중화민국을 건국했다. 그 뒤 후임 장개석蔣介石이 모택동의 중국 공산당과 벌인 내전에서 패하자 대만臺灣으로 건너가 중화민국을 유지했다. 승리한 모택동은 1949년 중국

---

1 '주역 건괘 단사'에 관해서는 졸저 『인트로 차이나』(천지인, 2008) p. 521 참고.

대륙에 중화인민공화국을 건국했다. 중화中華의 중中은 중국中國의 준말, 화華는 화하華夏²의 준말. 화하華夏는 중국中國의 옛말. 민국民國은 민주주의民主主義공화국共和國의 준말. '중'화민'국'이든 '중'화인민공화'국'이든 줄이면 모두 중국이다.

이상을 종합하면 중국 왕조의 명칭은 크게 아래 두 가지에서 유래했다고 볼 수 있다. ①부족部族 혹은 종족宗族의 명칭이나 근거지 ②시조의 작위爵位나 봉호封號. 역사와 전통을 중시하는 중국 문화 본연의 모습이다. 다만 원나라 이후는 한자의 뜻이나 음양오행陰陽五行의 상생상극에 근거한 점이 이채롭다. 그러나 이 역시 역사와 전통을 중시한 결과이다.

---

2 '화하華夏'에 관해서는 졸저 『중국문화사』(천지인, 2013) p. 72 참고.

'중국中國'의 본뜻

나라-국國

초창기 글꼴은 '창-과戈'와 '입-구口' 모양(口: 둘레-위圍의 초기 모습)이 합하여 '혹시-혹或'의 모습이었다. 사각형으로 구축한 성곽城郭처럼 일정한 영역領域을 무기로 지키는 모습이다. 간혹間或 수상한 자가 접근하거나 혹시或是 침입할 수도 있으므로 경계를 늦출 순 없었을 것이다. 이로부터 혹或이 '혹시或是'의 뜻으로 전용되기 시작했다. 또한 경계심이 지속되어 의혹疑惑이 깊어지자 그 아래에 '마음-심心'까지 붙여 '의심할-혹惑'을 만들었다. 이렇게 되자 일정한 영역을 다시 강조하고자 성곽 모양의 구口 위아래로 횡선을 하나씩 그어 경계선을 표시함과 동시에 일정한 지역地域을 강조하고자 '흙-토土'를 좌측에 붙여 '지경-역域'을 만들었다. 또한 글자 전체의 주위를 네모꼴로 둘러싸 국경선을 표시하면서 지방자치를 뜻하는 '나라-국國'을 만들었다. 세계국가-천하天下 관념이 강했던 전통적인 중국에서 국國은 제후국諸侯國을 가리킨다. 이렇게 본다면 국國과 역域과 혹或은 어원이 같음을 알 수 있다. 따라서 중국中國의 본뜻은 '중심 지역'일 뿐 국가를 뜻하지 않았다. 국명國名으로 쓰인 것은 한漢나라 이후의 일이다.[3]

---

3 자세한 것은 졸저 『하루한자공부』(유유, 2014) 4월 10일자 참고.

12개 한자로 읽는 중국
-왕조 이름 12개로 푸는 중국 문화의 수수께끼

2016년 4월 25일 초판 1쇄 펴냄
2018년 7월 27일 초판 2쇄 펴냄

지은이　　　　　장일청
옮긴이　　　　　이인호

펴낸이　　　　　정종주
편집주간　　　　박윤선
편집　　　　　　이소현 강민우
마케팅　　　　　김창덕

펴낸곳　　　　　도서출판 뿌리와이파리
등록번호　　　　제10-2201호(2001년 8월 21일)
주소　　　　　　서울시 마포구 월드컵로 128-4 2층
전화　　　　　　02)324-2142-3
전송　　　　　　02)324-2150
전자우편　　　　puripari@hanmail.net

디자인　　　　　정은경디자인
종이　　　　　　화인페이퍼
인쇄 및 제본　　영신사
라미네이팅　　　금성산업

값 15,000원
ISBN 978-89-6462-068-7 (03910)

이 도서의 국립중앙도서관 출판예정도서목록(CIP)은 서지정보유통지원시스템 홈페이지(http://seoji.nl.go.kr)와
국가자료공동목록시스템(http://www.nl.go.kr/kolisnet)에서 이용하실 수 있습니다.(CIP제어번호: CIP2016009369)